Ilse Wellershoff-Schuur

Resilienz

Ilse Wellershoff-Schuur

Resilienz

Innere Balance
durch Nebenübungen
und das neue Beichtsakrament

Verlag Urachhaus

Für den Säulenheiligen

ISBN 978-3-8251-5277-2

Erschienen 2021 im Verlag Urachhaus
www.urachhaus.de

Auch als eBook erhältlich

Gestaltung: Klaus H. Pfeiffer
Umschlagabbildung: © Ilse Wellershoff-Schuur, »Säulenheiliger«
Gesamtherstellung: CPI books GmbH, Leck

MIX
Papier aus verantwortungsvollen Quellen
FSC® C083411

Klimaneutraler Druck

Inhalt

Am Anfang

Die Briefe, aus denen dieses kleine Buch im Wesentlichen besteht, entstanden in der Zeit von März bis Juni 2020, von der wir als der »Corona-Zeit« sprechen, und waren an die Menschen aus dem Umfeld der Überlinger Gemeinde gerichtet. Die ersten Gemeindebriefe wurden in der Passionszeit im März geschrieben, der letzte zu Johanni im Juni. Unsere Online-Gemeindemitteilungen erschienen in diesen Monaten wöchentlich, weil man sich wegen der Kontakt- bzw. Ausgangsbeschränkungen und der anfänglichen Gottesdienstverbote nicht oft sehen konnte, Mut und Stärkung aber aufgrund der heftigen Verunsicherungen überall umso mehr gefordert waren. Allmählich wurde dann wieder mehr Begegnung möglich, und ab Anfang Mai durften die öffentlichen Gottesdienste und andere gut organisierte Treffen in der Gemeinde vorsichtig wieder aufgenommen werden, sodass die Frequenz der Briefe abnahm. Die Serie zu den Nebenübungen und zum Beichtsakrament wurde aber in größeren Abständen noch bis Johanni fortgeführt.

Ich schrieb dieses Vorwort zur Buchausgabe noch im Juni 2020 und ahnte weder, wie lange diese besonderen Zeiten noch anhalten, noch, in welcher Weise sie unser Leben dauerhaft beeinflussen würden. Auch nach vielen Monaten des »neuen Normalzustandes« ist die Verunsicherung, die Erschütterung, die Disruption bei vielen Menschen groß, was zu sehr unterschiedlichen Reaktionen führt. Immer wieder erstaunt es mich, wer große und ungeplante Veränderungen in seinem Leben ganz locker und geschmeidig wegsteckt – und wer andererseits in von außen gesehen völlig irrationaler Weise mit großen Ängsten reagiert. Und damit meine ich weniger die Angst, am Virus zu erkranken, die es selbstverständlich mitunter auch gibt, als vielmehr die diffusen Ängste vor dem inneren und äußeren Umsturz alles Gewohnten. Merkwürdige Erklärungversuche haben um sich gegriffen und werden wahrscheinlich auch wieder vergehen… Die damit verbundenen Gruppenbildungen haben die Tendenz, die Menschen gegeneinander aufzubringen. Manche soziale Schieflage entsteht, Konflikte, die sich nur daran entzünden, dass andere ihre Krise anders bewältigen als ich.

Vielleicht haben wir – um in Seuchenbildern zu bleiben – die Wahl zwischen Pest und Cholera. Aber wenn wir uns für die Cholera entscheiden, heißt das nicht, dass wir sie lieben… Am bequemsten wäre es wohl für jeden, wenn sich alles nur als ein böser Traum herausstellen würde und wir gar nicht wählen müssten, wie wir uns zu den Veränderungen stellen wollen. Solches Verdrängen ist auch ein Weg – allerdings einer, der eher nicht zu einer wirklichen Bewältigung der Herausforderung führt und daher neue Probleme mit sich bringt.

Die Disruptionen unseres Zeitalters werden uns immer öfter vor solche schwierigen und unser Leben auf den Kopf stellenden Entscheidungen stellen. Es muss nicht immer eine Pandemie sein, auch beispielsweise der Klima-Wandel und die großen Migrationsbewegungen, die uns mit dem Elend in anderen Teilen der Welt mehr oder weniger unmittelbar in Berührung bringen, haben seit einigen Jahren das Potenzial, uns existentiell zu erschüttern, wenn auch so allmählich und zunächst oft hintergründig, dass wir die an sich gesunden Seelenbewegungen, die mit ihnen verbunden sind, scheinbar leichter verdrängen können. Immer wieder und meist andernorts sind es aber dieser Tage auch Naturkatastrophen, Kriege, Gewalt, Hungersnöte, die die Menschen aus dem scheinbaren Gleichgewicht katapultieren – und all diese Faktoren sind in gewisser Weise miteinander verbunden.

In unserer neu definierten Wirklichkeit tauchen Fragen auf, die zwar nicht völlig neu sind, die aber plötzlich mit einer anderen Dringlichkeit vor uns stehen:

- Haben wir den Mut, uns mit dem zu konfrontieren, was unser Leben solcherart durcheinanderbringt?
- Sind wir in der Lage, offen auf das hinzuschauen, was die Zeit von uns fordert?
- Wie können wir gesund im Leben stehen, wenn uns der Boden unter den Füßen wegzurutschen droht?

Dass unsere Gesundheit mit der einigermaßen erfolgreichen Bewältigung all dieser Krisen in unserer Seele zusammenhängt, ist eine Erkenntnis, die brandaktuell, aber nicht ganz neu ist. Unser Immunsystem, das darüber entscheidet, ob letztlich sogar unser Körper Krankheitsantworten auf die seelischen Herausforderungen gibt, ist auch in der medizinischen Wissenschaft erst sehr anfänglich erforscht.

Schon in der Mitte des 20. Jahrhunderts wurde deutlich, dass die Resilienz des Menschen mit seinen inneren Haltungen, Gesinnungen, seelischen Gestimmtheiten zusammenhängt. In seinem Konzept der Salutogenese schaute der Medizinsoziologe Aaron Antonovsky auf die Entstehung von Gesundheit und fügte damit dem noch heute vorherrschenden Paradigma einer Medizin, die der Heilung von Krankheiten dient, eine neue Orientierung hinzu, die in den letzten Jahrzehnten immer mehr an Plausibilität gewann: Die Salutogenese will in erster Linie gesund erhalten, also Krankheiten vorbeugen, statt Schäden zu reparieren. Gesundheit entsteht aus einer offenen Anpassungsfähigkeit an die Umstände des Lebens, die gespeist wird durch ein Gefühl der Kohärenz: *Ich kann das Leben verstehen, ich kann etwas tun im Leben, mein Leben hat einen Sinn …*

Nur wenn wir auf die Fragen nach Zusammenhang, Eigeninitiative und Bedeutung befriedigende Antworten geben können, leben wir in einem inneren Gleichgewicht, das unser Immunsystem so stark macht, dass wir größere Chancen haben, nicht nur psychisch, sondern auch physisch gesund zu bleiben oder wenigstens leichter mit Krankheitsanfechtungen fertig zu werden. Selbst den schwersten Schicksalssituationen und Krankheiten können wir dann hoffentlich noch einen Sinn abringen, der unser inneres Gleichgewicht und damit das Gefühl der menschlichen Würde stärkt.

Antonovsky erforschte die psychischen Zustände von Überlebenden der Vernichtungslager in der NS-Zeit. Zu ähnlichen Erkenntnissen wie er kam der österreichische Psychiater Viktor Frankl, der selbst ein Überlebender der Vernichtungsmaschinerie der Nazis war und gewissermaßen im Selbstversuch und um sich eine innere Aufgabe zu geben, in der unvorstellbaren Grausamkeit der Lager Beobachtungen machte, die in die von ihm begründete Logotherapie (»Sinn-Therapie«) mündeten[1]. Seine Frage lautete: Wie kann der Mensch es schaffen, im schwersten Leiden seelisch möglichst gesund zu bleiben und damit auch späteren psychischen und psychosomatischen Erkrankungen vorzubeugen?

Die Nebenübungen

Als Rudolf Steiner am Anfang des letzten Jahrhunderts, in der Zeit noch vor dem Ersten Weltkrieg, immer wieder die sogenannten *Nebenübungen* beschrieb, war die Welt noch eine völlig andere als die, in der Frankl und Antonovsky ihre Erkenntnisse fruchtbar machten. Trotzdem richtete er sich an Menschen, die gewissermaßen an »Abgründen« standen und sich mit einer zu erwartenden

1 Viktor Frankl, *Trotzdem Ja zum Leben sagen*. Verfasst 1945/46, in zahlreichen Ausgaben und vielen Sprachen erschienen.

Orientierungslosigkeit konfrontieren wollten – meist ohne selbst so genau einschätzen zu können, wie diese sich gestalten würde.

Rudolf Steiner war nicht Arzt oder Psychologe, seine Rolle war die eines Lehrers in geistig-seelischer Schulung. Er sprach zu Interessenten seiner geistigen Forschungen, die sich selbst auf einen inneren Weg begeben wollten, der sie dazu führen sollte, Wahrnehmungen in den Bereichen des Daseins zu machen, die sich unseren normalen Sinnen in der Regel nicht von selbst erschließen. Sie strebten nach einem »Schwellenübertritt« in übersinnliche Gefilde, als Erkenntnissucher, die ihr Weltbild vervollständigen und die Wirklichkeit umfassender kennenlernen wollten.

In dieser Zeit begann sich bei wissenschaftlich denkenden Menschen das Bewusstsein zu entwickeln, dass die Naturwissenschaft allein nicht zu einem ganzheitlichen Bild des Menschen, des Lebens, der Erde führen kann. Eine Erweiterung der sinnlichen Wahrnehmung erschien als Silberstreif am Horizont einer zweigeteilten Welt, in der das naturwissenschaftliche Dogma das kirchliche abzulösen begann – ohne zu einem wirklich integrativen Bewusstsein zu führen, in dem auch eine Welt ihren Platz hat, die über die Begrenztheiten der menschlichen Wahrnehmungsfähigkeit hinauszugehen vermag.

Man darf sich die in den theosophisch-anthroposophischen Kreisen angestrebte Bewusstseinserweiterung nicht vorstellen wie eine Art Vordringen in eine abgetrennte, irgendwie psychedelische Region des Daseins, das man aus einer Neugier heraus erkunden wollte. Vielmehr brachten unterschiedliche Entwicklungen zu Beginn des 20. Jahrhundert es mit sich, dass eine erste Offenheit dafür entstand, das nicht mit den bekannten Sinnen Fassbare als immer und überall anwesend in der sinnlichen Welt zu empfinden, nur eben nicht als so ohne Weiteres wahrnehmbar. Das Erschließen dieser Gebiete der Wirklichkeit war von demselben Erkenntnisdrang getragen wie die Suche nach naturwissenschaftlichem Wissen.

Tatsächlich sind wir hundert Jahre später mehr oder weniger alle in einer vergleichbaren Lage, denn wir haben es heute mit einer Menschheit zu tun, die mit viel größerer Selbstverständlichkeit mit den Phänomenen jenseits dieser »Schwelle« umgeht, auch wenn das alltägliche Leben eher von den Ergebnissen der Erkenntnisarbeit der mess- und wägbaren Naturwissenschaft, der Berechenbarkeit und auch von entsprechend materialistischen Kosten-Nutzen-Abwägungen geprägt ist:

Wir sprechen von *Gedanken*, die den Phänomenen zugrunde liegen, von *Naturgesetzen*, die in ihnen wirksam sind, von den *wenig berechenbaren Grundlagen* des lebendigen Lebens (zum Beispiel in den Human- und Lebenswissenschaften Medizin oder Biologie), die nicht nur physikalisch-chemisch erklärbar sind, von *Stimmungen* und *Gefühlslagen*, auch von *Kommunikation jenseits des sinnlich Erfassbaren*, von den *realen Wirkungen der Zuwendung, des Interesses oder auch der negativen Gedanken* und sogar von *Erlebnissen mit Verstorbenen, Ungeborenen, Engeln und Schutzgeistern*. All das ist sinnlich nicht verifizierbar, aber es umgibt uns und hat seine Wirkungen, obwohl wir in dieser Welt noch relativ desorientiert umherirren.

Insofern sind wir heute alle »Einzuweihende«, »Mysterienschüler«, Wahrheitssucher in einem höheren Sinne. Gerade weil wir geprägt sind von der Suche nach einer vollständigeren und objektiveren Erkenntnis, wie sie dem alltäglichen Leben mit den Naturwissenschaften im besten Sinne immanent, aber wenig bewusst ist, können wir uns nicht damit zufriedengeben, einfach zu denken »Das ist halt so« und »Wir wissen es nicht, und wir werden es auch nicht wissen können« – »*Ignoramus et ignorabimus*«, wie der Physiologe Emil du Bois-Reymond es schon zu Rudolf Steiners Zeiten ausdrückte. Tatsächlich werden wir auf diese Weise nicht zu eindeutigen Antworten gelangen, zu letztgültigen Zielen, aber die Fragen auf dem Wege, die zu immer neuen Fragen führen, helfen uns, in unserer Entwicklung weiterzukommen und uns damit einigen Wahrheiten immer mehr anzunähern.

Rudolf Steiner hat den Menschen, die erste Schritte auf diesem unbekannten Terrain machten, dringlichst angeraten, zunächst dafür zu sorgen, in diesem Suchen nicht den Kontakt mit der Wirklichkeit und damit die seelische Gesundheit zu verlieren. Die Übungen, die er dafür gab, hatten nicht die übersinnliche Erkenntnis selbst zum Ziel. Daher nannte er sie »Nebenübungen«, obwohl sie eigentlich der zentrale Punkt in einer Schulung der Seele sein sollten. Ihr Ziel war und ist das Erlangen des Gleichgewichts in der Seele, ohne das jeder andere Schritt wertlos oder im schlimmsten Falle schädlich wirken muss. Denn so wie wir im sinnlichen Leben sehr unterschiedlich auf die Realität schauen und dabei zu ganz verschiedenen Schlüssen kommen, gilt dies erst recht in einer weniger dreidimensional geordneten Wirklichkeit. Die Gefahr ist groß, auf diesem Felde zu verzerrten Wahrnehmungen zu kommen und diese vorschnell für Erkenntnisse zu halten, obwohl sie nur eine individuelle Sicht auf die Phänomene enthalten. Jeder schaut durch seine Brille – und die ist vielleicht dunkel getönt oder rosarot, hat eine verzerrende Sehkorrektur oder einen Schriftzug am unteren Bildrand auf dem »Katholische Kirche«, »Karl Marx«, »Tierschutz«, »Meine Eltern haben mich nicht genug geliebt« oder auch »Rudolf Steiner hat gesagt« steht, je nach Vorlieben … Und dann sehen wir auf alles, was uns unter die Augen kommt, mit dieser Prägung (die auch noch spiegelverkehrt erscheint …). Wie kommen wir zu einer etwas unverzerrteren, objektiveren Wahrnehmung der Welt?

In der gegenwärtigen Lage könnten wir uns auch fragen: Wie bleiben wir bescheiden in Bezug auf unsere persönlichen Erkenntnisse über das große Ganze und das kleine Detail? Wie lernen wir wegzukommen von der Anmaßung, die Wahrheit zu kennen, weil wir aus unserer eigenen Perspektive einen kleinen, vielleicht nur für uns selbst bedeutsamen Ausschnitt sehen? Denn das erweist sich als Voraussetzung für eine auch im Sozialen gesund wirkende Gesinnung.

Das erneuerte Beichtsakrament

Etwa zwanzig Jahre nachdem er die Nebenübungen zuerst beschrieben hatte, war Rudolf Steiner zum Inaugurator zahlreicher lebenspraktischer Bewegungen geworden, die den anthroposophischen Impuls in die Welt trugen und dabei aus den Erkenntnissen heraus wirkten, die in der Zeit vor dem Ersten Weltkrieg in der Bewegung veranlagt worden waren. Spirituell offene Menschen suchten in seinem Umfeld individuelle Wege zu einer neuen Geisterkenntnis, die der Welt dabei helfen sollte, die Verhältnisse in der Nachkriegszeit zu heilen. Die Waldorfpädagogik, die biologisch-dynamische Landwirtschaft, die anthroposophisch erweiterte Medizin, eine Heilpädagogik und Sozialtherapie auf der Grundlage eines Menschenbildes, das Geist, Seele und Leib umfassen sollte, sowie allerlei künstlerische Impulse begannen ihre Arbeit. Sie entwickelten sich in den folgenden Jahrzehnten zunächst in Mitteleuropa und wurden insbesondere in den letzten fünfzig Jahren in vielen Teilen der Welt fruchtbar.

In dieser Zeit entstand auch die als »Bewegung für religiöse Erneuerung« bekannte *Christengemeinschaft* als eine Art überkonfessionelle, von den bestehenden Kirchen unabhängige und den Sakramenten in neuer Form verpflichtete Gemeinschaft des religiösen Lebens. Im Zentrum stand und steht die erneuerte Messe, und um sie herum begannen die sechs anderen Sakramente als lebensbegleitende »Verwandlungstaten« in der Biografie der Menschen bei unterschiedlichen Anlässen zu wirken: Taufe, Konfirmation, Beichte, Letzte Ölung, Trauung und Priesterweihe.

Die *Beichte* – in ihrer katholischen Geschichte oft schwer belastet und daher mitunter als unzeitgemäß empfunden – nimmt dabei eine Sonderstellung ein. Anders als die anderen Sakramente ist sie in ihrer Übung nicht etwas mehr oder weniger Einmaliges, sondern kann ganz ausdrücklich lebensbegleitend sein in ähnlichem Sinne wie die

Messe, die in der Christengemeinschaft die »Menschenweihehandlung« genannt wird. Zwar muss der religiös handelnde Mensch sie nicht in sein Leben integrieren und schon gar nicht regelmäßig empfangen. Die Verbindung mit diesem Sakrament ist von völliger Freiwilligkeit geprägt. Sie ist aber darauf angelegt, dass sie bei Bedarf immer wieder – gewissermaßen biografiebegleitend – geübt werden kann. Sie dient nicht einer konkreten »Sündenvergebung«, der Beichtende bekommt nicht etwa eine Absolution für sein bisheriges Tun. Deshalb muss er natürlich auch keine Sünden oder Verfehlungen bekennen. Diese werden schlicht als Grundtatsache des Menschseins vorausgesetzt, bis in den Text der Messe hinein, sind aber nicht der eigentliche Anlass dafür, ein Beichtgespräch zu suchen. Vielmehr geht es darum, den roten Faden des Lebens zu suchen, immer mal wieder, und dabei genauer anzuschauen, was mich gerade jetzt weiterbringen kann auf meinem individuellen Weg.

Der Vollzug ist denkbar einfach. Es wird ein Gesprächstermin vereinbart, meist in einem ruhigen Raum, immer vor einem Christusbild und einer Kerze. Das Gespräch führt der Zelebrierende meist zunächst in Zivil. Es kann aber auch das Ornat gewählt werden, denn manchmal erleichtert das eine gewisse Objektivität. In anderen Fällen stört es eher. Die Rolle des Priesters ist eine hörende. Gefragt ist kein Therapeut, kein Coach, kein Ratgeber, sondern die oder der Beichtende spricht sich vor dem Christus aus, der durch die Ohren des Zelebranten, der Zelebrantin zuhört.

Am Schluss werden die Gewänder angelegt und es wird ein Spruch, Gebet, Segen gesprochen, dessen Wortlaut wie alle Rituale der Christengemeinschaft durch Rudolf Steiner vermittelt wurde. Es sind sieben Zeilen, die mündlich aufgenommen werden sollen und deshalb hier nicht wortgetreu wiedergegeben werden. Man kann sie aber durch gutes Hinhören meist bald auswendig, wenn man das Beichtsakrament ein paar Mal erlebt hat. Das allerdings geht nur im eigenen Üben – niemand Drittes ist dabei, kein Ministrant, kein

Zeuge – außer dem Zelebranten, der Zelebrantin. Am Ende geht der oder die Beichtende gestärkt durch den Zuspruch des Christus, der im Wortlaut des Sakramentes aufleuchtet, und durch die folgende Individualkommunion hoffentlich gesünder in sein Leben. Insofern ist das Beichtsakrament – wie auch die Nebenübungen – dem Gedanken der Salutogenese, der harmonischen Lebenshaltung, der geistig-seelischen Gesundheit verpflichtet.

Dass die Gedankenfolge im Wortlaut des Beichtsakramentes in eigentümlicher Weise mit den Übungen verwandt ist, die Rudolf Steiner seinen Geistesschülern viele Jahre vorher als Begleitung des meditativen Lebens empfahl, ist zunächst nicht offensichtlich. Die Nebenübungen kenne ich seit etwa vierzig Jahren und habe sie die meiste Zeit davon auch mehr oder weniger – wenn auch meist eher periodisch – intensiv geübt. Das Beichtsakrament pflege ich als Beichtende seit fast dreißig Jahren. Die letzten zwanzig Jahre habe ich als Priesterin auch zahlreiche Beichten hören und mit dem Spruch abschließen, das heißt zelebrieren dürfen. Aber erst in der Corona-Zeit, in der erneuten verstärkten Arbeit an den Nebenübungen, die mir jetzt geboten erschien, tauchte das Thema der Verwandtschaft zum Beichtspruch auf. Diese kleine Entdeckung, die ich bestimmt nicht als Erste machen durfte, die für mich aber so überraschend wie erhellend war, hat dazu geführt, dass meine Gemeinde-Briefe zu den Nebenübungen entsprechend um Betrachtungen zum Beichtsakrament erweitert wurden.

In etwas ausführlichere Form gebracht, können sie nun auf vielfachen Wunsch als kleines Vademecum für die Bewältigung verschiedenster Herausforderungen des Lebens herausgegeben werden.

»Bittet, und es wird euch gegeben;
suchet, und ihr werdet finden;
klopfet an, und es wird euch aufgetan.
Denn jeder, der bittet, empfängt;
und wer sucht, der findet;
und wer anklopft, dem wird aufgetan.«

Matthäus 7,7-8

1. Brief – Gedanken zum neuen Alltag
Von der Bedeutung des Übens

Eigentlich ist es eine Selbstverständlichkeit: Wir wachen jeden Tag in einer neuen Welt auf. Aber derzeit ist das Aufwacherlebnis für viele von uns ein bisschen surreal. Ist das alles nicht nur ein wirrer Traum? So viele Alltäglichkeiten, die ins Wanken geraten, so viel Selbstverständliches, das mir zu entgleiten droht… Was immer ging, geht plötzlich nicht mehr, völlig ungeahnte Handlungen werden selbstverständlich, und vieles, was ich noch nie gedacht habe, dringt in mein Bewusstsein ein. Wie gehe ich damit um?

Plötzliche Veränderungen können sehr verunsichernd sein, wenn ich eigentlich mit der Lebenshaltung unterwegs bin, dass alles im Wesentlichen immer gleich bleiben wird, gleich bleiben soll – es sei denn, dass ich es verändern *will*. Was ich gelernt habe, die Gemütshaltungen, die ich mir angewöhnt habe, der Alltag, in den ich mich eingelebt habe – sie mögen bitte auch tragen!

Eine von außen herbeigeführte Veränderung kann aber auch fast schon beruhigend sein, wenn ich Sehnsucht danach habe, dass sich in einer allzu festgefahrenen, bequemen und durchaus auch dekadenten Welt endlich Grundlegendes ändern muss. Vielleicht wird das Ungewohnte mir und uns dabei zur Hilfe werden?

Und je nachdem, ob ich mit Mut und Zuversicht, mit Vertrauen und Glauben an das Gute in die Welt schaue oder mit Skepsis, festen Urteilen und Resignation, sehe ich dann auch unterschiedlich auf die Veränderungen des Tages. Das Glas ist längst halb leer – oder schon halb voll?

Rudolf Steiner beschreibt als Voraussetzungen eines geistigen Lebens verschiedene Übungen, die eine zentrale Stellung einnehmen, wenn unser inneres Leben gesund und unsere Wahrnehmung der Welt eine wahrhaftige sein sollen. Vieles von dem da zu Übenden kommt auch im Evangelium vor, namentlich in der Bergpredigt, und will uns auch dort den Weg zum höheren Ich, zu größerer innerer Autonomie weisen, den man auch den Weg zum »Christus in mir« nennen kann. Die Mystiker des Christentums haben in ähnlicher Weise einen inneren Weg beschrieben als die »Nachfolge Christi«. In seinem Schulungsbüchlein gleichen Namens schreibt Thomas a Kempis:

> »Je größer und tiefer dein Wissen um die Dinge ist, desto strenger wirst Du gerichtet werden, wenn dein Leben nicht gerade um so viel heiliger gewesen sein wird, als deine Einsicht besser war.«[2]

Wie kann es uns gelingen, dass wir uns an der Krise nicht nur zu immer stärkeren Meinungen und Überzeugungen, sondern zu einer Einsicht entwickeln, in der das Menschsein im Mittelpunkt steht? Wie kann uns die derzeitige, immer wieder neue Lebenssituation dienen, um auf unserem inneren Weg ganzheitlich weiterzukommen? Dazu möchte ich in diesem Auftakt-Brief und dann in loser Folge in weiteren kleinen Artikeln einige Beobachtungen und Anregungen aufschreiben. Dabei ist mein Ausgangspunkt und die Ordnung meiner Gedanken in erster Linie die Beschreibung der Nebenübungen, aber es werden mit der Zeit auch andere, eher religiöse Aspekte hinzukommen, die ich zum Teil den Anregungen anderer und zum Teil eigenen Erfahrungen verdanke. Hier zunächst eine Art Überblick als erste Bestandsaufnahme:

1. Gelingt es mir, meine *Gedanken* zusammenzuhalten, zum Beispiel im Gebet, in der inneren Arbeit, der Meditation, aber auch in der ganz gewöhnlichen Arbeit oder in einem Gespräch? Kann

2 Thomas a Kempis: *Nachfolge Christi*. 1. Hauptabschnitt, 2. Kapitel, Nr. 3.

ich ihnen eine Richtung geben, ohne mich ständig ablenken zu lassen? Das ist gar nicht so einfach in diesen besonderen Zeiten, in denen wir so viele »Sorgen« haben! Was ist das: das Wesentliche? Die Sorgen um den sich verändernden Alltag, die dahinschwindenden Sicherheiten auf vielen Gebieten bringen mich einerseits in Gefahr, fahrig und unkonzentriert zu werden, zum Spielball der unablässig auf mich einströmenden äußeren Impulse. Andererseits fällt gerade in dieser Zeit auch einiges an Ablenkungen weg, die wir oft zur Verdrängung unserer eigentlichen Aufgaben nutzen – alltägliche Verrichtungen, Treffen, Termine, Abendveranstaltungen. Aber es entstehen auch neue Versuchungen: Die durchschnittliche Internet-Nutzungszeit steigt dramatisch an in Zeiten, in denen wir Informationen suchen, die uns in der neuen Lebenslage Sicherheit geben sollen. Zu einem selbstbestimmten Leben gehört es, sich selbst Grenzen zu setzen, auch in der Aufnahme von – vor allem digitalen, aber auch angelesenen – Informationen.

Denn: Eine Sensation jagt die andere, und man weiß oft nicht, wem man glauben soll. Und: Sind es überhaupt Glaubensfragen, die hier gestellt sind? Wie die Berliner Patienten-Initiative *Gesundheit Aktiv* schon ganz am Anfang der Pandemie schreibt: »Leider haben auch Fake News, Panikmache und Verschwörungstheorien Hochkonjunktur und gehen viral. Das raubt Energien, schwächt das Vertrauen und schafft zusätzliche Verunsicherung.«

Es entstehen neue Ängste, die oft bestimmender werden, als die, die das Krankheitsgeschehen selbst auslöst. Man braucht schon eine Portion gesunden Menschenverstand, um nicht an der Fülle des Materials zu verzweifeln – und Mut, um Komplexität und Widersprüchlichkeiten auszuhalten.

Mein Denken muss lernen, immer wieder neu hinzuschauen, ohne schnelles Urteil wahrzunehmen, Zusammenhänge zu erkennen, Lücken aufzuspüren in vermeintlich fertigen Erklärungen. So wie wir es bei wirklichen Wissenschaftlern erleben, die es sich zur Aufgabe machen, Transparenz herzustellen für eine breite Öffentlichkeit, indem sie darauf hinweisen, was man alles noch nicht weiß, und die gern zugeben, dass sie von Tag zu Tag dazulernen und bereit sind, auch Fehler und Fehlwahrnehmungen umgehend in ihre Betrachtung einfließen zu lassen, so müssen auch wir aufpassen, dass sich unsere Urteile nicht zu schnell verfestigen. Gerade die langsame Entwicklung von wachstumsfähigen Anschauungen statt Meinungen schafft Vertrauen und zeigt uns, was klare Gedanken sein können: immer neue Annäherungen an die Wirklichkeit, nie die letzte Wahrheit. Jeder kann sich kritisch fragen: Wie steht es insofern mit meinem Gedankenleben? Und wie kann ich es stärken?

2. Wie steht es um meinen *Willen*? Schaffe ich es, zu tun, was ich will? Was will ich überhaupt? Weiß ich das – oder meine ich es nur zu wissen? Beobachte ich, was ich tue, so bemerke ich schnell, dass mein Handeln sich meist an Gewohnheiten und Stimmungen orientiert. Schaffe ich es, mir einen neuen, ganz eigenen Alltag unter neuen Bedingungen zu schaffen, so wie ich es eigentlich will? Kann ich Gewohnheiten noch ändern, bewusst neue aufnehmen, die in dieser Situation gesund sind? Oder kapituliere ich vor dem, was mir von außen entgegenkommt? Aber auch: Kann ich mich bewusst und »frei-willig« einordnen in größere Zusammenhänge – oder empfinde ich meinen Willen als von außen aufgezwungen, wenn nicht alles nach meinem gefühlsmäßigem »Möchten« geht?

   Zu bewussten Willensimpulsen gibt es gerade jetzt viele Anregungen: So vieles habe ich mir früher vorgenommen für Zeiten, in denen ich mal einige Freiräume habe – tue ich das jetzt wirklich? Nicht jeder hat durch die Veränderungen wirklich mehr Zeit, aber was tue ich überhaupt in den Zeiten, die ich zur freien Verfügung habe? Es gibt viele Möglichkeiten für kleine Freiheiten drinnen und draußen, das große Aufräumen, mehr frische Luft und gesunde Bewegung sind immerhin auch bei verringertem Bewegungsradius gut möglich! Man kann üben, tief ein- und auszuatmen, den Kreislauf zu trainieren. Aber auch für genügend Schlaf zu sorgen, für gesundes Essen – und für eine innere Harmonie im Leben. Was für ein Luxus, dass wir das alles können! Im Vergleich mit den meisten anderen Menschen auf der Erde ist das wirklich viel!

Aber wie schaffen wir es, von all dem Guten, was man anpacken könnte, immer mehr auch tatsächlich zu tun?

3. Innere Harmonie, *Gefühlsgleichgewicht*: Wie lasse ich mich immer weniger von meinen Gefühlen herumtreiben, lerne sie immer besser kennen und erhebe mich ein wenig über sie? Angst, Frustration, Zorn auf andere – das wollen wir alle gern loswerden. Aber auch überschwängliche Freude, Schwelgen in Genüssen, die mich von meinen Aufgaben ablenken, die kleinen Süchte aller Art … auch sie muss ich besser kennenlernen, wenn sie nicht die Herrschaft über meine Seele gewinnen sollen. Was hilft?

   Ich denke da als Hilfe zunächst an das, was Frieden schafft in der Seele: die religiösen Grundgesten: Ehrfurcht vor dem Höheren, Dankbarkeit diesem Wesenhaften gegenüber, auch wenn es uns im Mitmenschen gegenübertritt oder in der Schöpfung. Und dann die Hingabe an mein, unser aller Schicksal mit der Frage: Was soll mir das? Was soll uns das alles? Ich muss den Blick nicht darauf richten, wer »schuld« ist, sondern darf mir vor die Seele führen, wozu die veränderte Lebenssituation auch dienen kann. Da höre ich überall auch viel Schönes – von der Zeit für Wesentliches, für Kunst, Lektüre, Partnerschaften, Familie, die nun endlich einmal da ist, bis zu einer Ruhepause für die Natur, die sich vom »Verbrauchtwerden« durch den Menschen hoffentlich ein wenig erholen kann. Solche Gedanken schaffen uns ein ruhiges Herz!

4. So beginnen wir im Bewusstwerden unserer Gefühlswelt bereits, den neuen und verunsichernden Entwicklungen trotz aller Unbill auch *positiv* gegenüberzutreten, und das scheint fast am schwierigsten zu sein. Positivität zu üben, heißt ja nicht, sich alles schönzureden und völlig unkritisch zu werden gegenüber den deutlich auftretenden Schattenseiten der Entwicklungen und Krisen, die uns treffen. »Krise« aber heißt auch Entscheidungssituation, Punkt der Zuspitzung, an dem sich vieles offenbart, was vorher im Verborgenen lag. Insofern haben alle Krisen Offenbarungscharakter. Das ist nicht nur ein Phänomen des Untergangs, sondern vor allem die Stunde, in der sich zeigt, was an so manchem Alten schon immer schief war, sodass es nun neue Entscheidungen braucht. Wie lernen wir, mit einem wohlwollenden, nicht verurteilenden »Offenbarungsblick« auf die Phänomene zu schauen und die Chance des Neuen zu würdigen?

5. *Unvoreingenommenheit* wird dabei zur Not-Wendigkeit, einer Eigenschaft die Not wenden kann. Wir müssen nicht alles beurteilen, Meinungen haben, Sündenböcke finden. Halten wir das aus – auch mal keine Meinung zu haben? Oder wenigstens anzuerkennen, dass unsere Meinungen nicht endgültige Wahrheiten sind, sondern oft nur Krücken zur Bewältigung unserer eigenen Unsicherheiten?

   Wie oft werden wir Pfarrer nicht danach gefragt, was man denn nun von dem einen oder anderen Aspekt der Krise halten soll, wer »schuld ist«, wer »recht hat«… Dabei ist das ja gar nicht so einfach zu beantworten. Die Welt ist ein sehr kompliziertes Geflecht, ein Organismus, an dem wir alle Anteil haben. Menschliche – und gar menschheitliche – Entwicklungen bestehen aus einem größeren Ganzen von Einzelschicksalen und -handlungen. Das Abwägen verschiedener Interessen ist in einer immer bewusster werdenden Welt nie eine Frage von richtig und falsch. Vieles kommt darauf an, wie weisheitsvoll wir soziale Prozesse gestalten. Auch hier ist das Gewachsene sehr komplex, und es ist leichter, erstmal »dagegen« zu sein und zu kritisieren, als Neues zu gestalten.

Es ist eine Aufgabe unserer Zeit, wegzukommen von einfachen Erklärungen, Sündenböcken und Schwarz-Weiß-Denken. Dadurch wird das Leben anstrengender, bescheidener – und wahrhaftiger! Es lohnt sich, jeden Tag neu und unbefangen auf das zu schauen, was wir wirklich selbst wahrnehmen und nicht nur die Meinungen anderer nachzubeten und bei anderen Zustimmung zu suchen.

6. Und schließlich können wir mit Goethe, Steiner und vielen anderen Weisheitslehrern feststellen, dass wir nur erkennen können, was wir lieben! Das Leben zum Beispiel, unser Schicksal, die Zeit, die uns herausfordert, Liebe und Solidarität mit den Schwächsten zu lernen!

   Dabei ist Bauchgefühl noch nicht Herzdenken. Es geht zum Beispiel bei den Abstandsgeboten im Zusammenhang mit Corona nicht unbedingt darum, dass wir uns nicht anstecken wollen, oder dass wir für uns selbst Wege suchen, verschont zu bleiben, ein besseres Schicksal zu haben als andere, weil wir zu den »Guten« gehören! Man könnte aus Eigennutz auf den Händedruck verzichten – aber eben auch aus Rücksicht auf andere. Handle ich so, wie es »mir gefällt« (Bauchgefühl) oder so, wie es für den anderen gefällig ist (Empathie)? Denke ich zunächst an mich selbst, meine Gesundheit, meine Selbstentfaltung, meine wirtschaftliche Existenz? Oder will ich den Mitmenschen respektieren, schützen, anderen nicht zur Last fallen, indem ich leichtfertig mich und meine Nächsten gefährde durch mein meist ganz unbewusstes, aber doch eher selbstzentriertes Verhalten?

7. Und in der Folge schließlich: Wie wirkt das alles im Sozialen? Kann man auf Abstand lieben? »Social Distancing« ist kein

schönes Wort, obwohl es auch etwas von Respekt beinhaltet, Abstand wahren, um den anderen nicht zu vereinnahmen, übergriffig zu werden mit meiner Auffassung von Nähe. Ist es überhaupt eine wirkliche Distanz, die entsteht, wo ich mich physisch zurückhalte? Nur weil ich den Nächsten, das Du, nicht anfasse, umarme, ihm die Hand schüttele? Physischer Abstand kann durchaus einhergehen mit seelischer Nähe! Und das Gespräch wird vielleicht umso intensiver, weil wir es für eine Weile auch mal auf Abstand oder sogar schriftlich führen müssen! Oder nicht jeden Gedanken gleich aussprechen können …

In diesem Sinne wünsche ich uns allen, dass wir gesund werden in jeder Hinsicht, und dabei neugierig, offen und positiv bleiben!

»Gedankenkontrolle. Sie besteht darin, dass man wenigstens für kurze Zeiten des Tages nicht alles Mögliche durch die Seele irrelichtelieren lässt, sondern einmal Ruhe in seinem Gedankenlaufe eintreten lässt. Man denkt an einen bestimmten Begriff, stellt diesen Begriff in den Mittelpunkt des Gedankenlebens und reiht hierauf selbst alle Gedanken logisch aneinander, dass sie sich an diesen Begriff anlehnen. Und wenn das auch nur eine Minute geschieht, so ist es schon von großer Bedeutung für den Rhythmus des physischen und des Ätherleibes.«

Rudolf Steiner, *Vor dem Tore der Theosophie.*
Vortrag in Stuttgart, 2. September 1906

2. Brief
Erste Übung: Gedankenkontrolle

Liebe Freunde,
letzte Woche habe ich versucht, einen Übungsweg zu skizzieren, der es uns ermöglichen könnte, in seelischem Gleichgewicht durch diese und andere Krisen zu kommen. Mir ist bewusst, dass Rudolf Steiner, der die skizzierten »Nebenübungen« beschrieben hat, sie ursprünglich für Menschen gemeint hat, die einen geistig-seelischen Erkenntnisweg gehen wollen. Sie sollten dazu dienen, auf diesem Weg, der den Menschen leicht mit vieldimensionalen Wahrnehmungen aller Art überfordern kann, seelisch gesund zu bleiben, nicht einseitig oder »verschroben« zu werden durch die zu erwartende Fülle von Eindrücken, die schwer einzuordnen sind. Und es ging ihm darum, diese Wahrnehmungen objektiver zu machen, weil sie nicht gleich in die Vorurteile der Vergangenheit verpackt werden oder sich in Bilder kleiden, die wir schon mitbringen in unserem begrenzten Vorstellungsleben. Zumindest werden wir uns der Grenzen unserer Erkenntnisse durch die Übungen etwas bewusster.

Heute stehen wir nun insofern alle an der Schwelle zur geistigen Welt, als dass wir mit multidimensionalen Krisen konfrontiert sind. Wir sind damit in einer ähnlichen Situation wie vor hundert Jahren nur der »Geistesschüler«. Man kann beobachten, dass viele kleine Wahrnehmungen, die über das Alltägliche hinausgehen, längst so normal geworden sind, dass wir sie gar nicht als besonders spektakulär empfinden – und daher weiter mehr oder weniger geduldig auf Sensationelleres warten!

So ist es heute auch für uns alle notwendig, unsere Seelen zu üben im Sinne der vorbereitenden und begleitenden »Exerzitien«, wenn wir nicht in Einseitigkeiten abgleiten, d.h. »wunderlich« werden wollen. Vielleicht erklären sich manche unserer Verschrobenheiten tatsächlich dadurch, dass wir seelisch nicht in dem Gleichgewichtszustand sind, den diese Übungen anstreben?

So möchte ich heute anfangen mit dem ersten Bereich: der Übung des *Gedankenlebens*, das wir ja ständig in Gebrauch haben, meist ohne uns dessen bewusst zu sein. *Es* denkt in uns. Wir wollen dieses Denken aber kennenlernen und zunehmend selbst mitbestimmen, wohin wir denken, wie wir denken, wie wir auch vollständiger zu denken lernen können.

Wahrscheinlich haben viele es schon einmal mehr oder weniger erfolgreich versucht: die Gedanken täglich für fünf Minuten auf einen bestimmten alltäglichen Gegenstand zu lenken und nur Gedanken zu denken, die damit zusammenhängen. Das Streichholz, die Stecknadel, der Bleistift – ein Leben lang dasselbe, oder auch ab und zu etwas Neues… es geht nicht darum, den Gegenstand nur wahrzunehmen und zu beschreiben (obwohl man auch das machen kann und dies ebenfalls eine Gedankenübung ist). Vielmehr sucht man, Gedanken in logischer Folge aneinanderzureihen, die strikt mit dem Gegenstand des Denkens zusammenhängen. Dass man dabei neben dem Inhalt des Denkens auch auf das eigene Denken aufmerksam wird, versteht sich von selbst.

Wählen wir als Beispiel einmal die Gardine, ganz alltäglich, vielfach und vielerorts vorhanden, technisch nicht zu kompliziert. Übrigens gebiert ein menschengemachter »Gegenstand« andere Gedanken als ein Naturphänomen. Auch Naturobjekte und Prozesse sind interessant, vielleicht sogar viel spannender als menschengemachte Alltagsgegenstände. Da wir die primären Prozesse, die hinter solchen Gegenständen stecken, aber etwas besser kennen und sie zunächst oft auch leichter durchschaubar sind, eignen sich Gebrauchsgegenstände zum Anfang besonders gut. Es soll ja ruhig ein bisschen langweilig sein, um unser aktives Interessieren herauszufordern!

Wie kann ich nun vorgehen? Das hängt ganz von mir selbst ab – eben ich-bestimmt!

Eine Grundfrage lautet natürlich: Was ist eine Gardine? Und was ist so etwas ähnliches, aber eben keine Gardine mehr? Eine Jalousie? Ein Vorhang – ist das dasselbe – oder nur teilweise?

Die Begriffsabgrenzung führt schnell zu anderen Fragen: Warum hat man irgendwann angefangen, Gardinen aufzuhängen? Was waren das wohl für Gardinen? Wozu dienen Gardinen überhaupt genau? Wann braucht man sie?

Oder auch mehr auf das Augenblickliche fixiert: Wozu dient *diese* Gardine? Darin liegt gleich die Frage: Was könnte es noch für Anwendungsgebiete geben? Wie müssen entsprechende Gardinen beschaffen sein, die verschiedenen Zwecken dienen, etwa Lichtabschattung, Einschränkung der (Durch-)Sichtigkeit, Trennung von Räumen, Wärmedämmung, Dekoration / Farbgestaltung? Und die Liste ist noch lange nicht vollständig!

Und wie funktioniert überhaupt eine Gardine? Was muss sie können? Wir merken, dass ein Gedanke andere gebiert, je mehr Verbindungen wir schaffen können, umso mehr… Und nun beginnt das Sortieren: Was kann ich über den Ursprung hinaus für Gedanken denken? Über die Verwendungszwecke, die Materialien, die Technik in allen Variationen? Auch das Wort selbst, was beschreibt es? In verschiedenen Sprachen womöglich? Bezeichnen wir damit womöglich in anderen Sprachen und Kulturen etwas leicht anderes? Was für Variationen gibt es da?

Wie wir sehen, können Gardinen sehr spannend sein – und wenn ich es schaffe, mich zu interessieren, sind die fünf Minuten sehr schnell vorbei. Wenn ich keine Zusammenhänge herstellen kann, mir die Fantasie fehlt, viele Aspekte zu erfassen, mir nichts dazu »einfällt« – dann ist es genau das, was ich üben muss: mich von einem Gedanken zum nächsten vorzuarbeiten. Langsam aber sicher, vielleicht nur drei zusammenhängende Gedanken, dann allmählich immer mehr. Denken heißt Verbindungen schaffen. Und zu entdecken, was zu einem möglichst vollständigen Bild noch fehlen könnte.

Was macht dieses mehr oder weniger regelmäßig ausgeführte, aber eher unscheinbare Experiment mit meinem Gedankenleben? Ich bemerke zum Beispiel neue Zusammenhänge, die mich gleichzeitig auch auf Allgemeineres aufmerksam machen: Es gibt nicht nur *einen* Verwendungszweck, auch wenn die von mir konkret angeschaute Gardine es nahelegen würde. Man kann Gardinen je nach Zweck aus verschiedenen Materialien (Immer Textil!? Warum?) herstellen, verschieden bedienbar machen. Ich werde offener für Vielseitigkeit. Gleichzeitig muss ich wohl auch feststellen, was keine Gardine ist – zum Beispiel ein wärmedämmender Teppich, der eine Türöffnung abdeckt. Und warum nicht? Grenzen werden deutlicher. Das lehrt mich denken, zum Beispiel, wo anderswo im Leben vielleicht auch andere Zusammenhänge bestehen, als es zunächst scheint.

Alles in allem geht es tatsächlich um eine Art Logik, die Ausbildung eines folgerichtigen Denkens: Nicht überall, wo irgendetwas mich an etwas anderes erinnert, gibt es unbedingt den Kausalzusammenhang, der sich unmittelbar aufdrängt. Rudolf Steiner spricht einmal von der fruchtbaren Landschaft, in der gesunde Rinder weiden. Machen die Rinder die Landschaft – oder die Landschaft die Rinder? Beides hat etwas für sich. Aber beides hat auch noch gemeinsame andere Ursachen: fleißige Menschen zum Beispiel, ein zuträgliches Klima und vieles mehr.

Man kann sich vorstellen, dass mit dem Üben des folgerichtigen Denkens das Gefühl wächst, dass die Welt verstehbar ist, wenn ich sie auch aufgrund der ihr innewohnenden Komplexität nie ganz verstehen werde, und das ist ein bedeutsames Erlebnis in Bezug auf das Kohärenzgefühl, das mich widerstandsfähig macht und stärkt in allen Herausforderungen des Lebens. Dieses Kohärenzgefühl besteht aus der Verstehbarkeit, der Handhabbarkeit und der Sinnhaftigkeit, die ich erlebe. Man könnte es auch Ich-Gefühl nennen. Ich erlebe mein Denken, also bin ich…

In der aktuellen Situation macht mich das urteilsfähiger, weil mir nach einiger Übung klar wird, dass nichts »monokausal« ist, sondern alles mit allem zusammenhängt. Und damit mich das nicht verwirrt, übe ich, Zusammenhängen gedanklich klar zu folgen.

Sehr oft denken wir ja nur das, was uns gefällt. Eigentlich fallen sogar die meisten Urteile nicht durch klares Denken, sondern mehr als Bestätigung von Gefühlen, die wir ohnehin schon hatten und für die wir eine Bestätigung suchen in den Urteilen, Meinungen, Äußerungen anderer. Dann leuchtet uns etwas ein. Anderes, unseren Gefühlen Widersprechendes, bekommt leider keine Chance…

Unser universitäres Denken, das nicht den Absolutheitsanspruch auf Wissenschaftlichkeit erheben sollte, fördert leider oft ein solches »Bestätigungsdenken«. Da wird erwartet, dass der junge Forscher Thesen aufstellt und dann untersucht, ob (dass?) sie stimmen. Ergebnisoffenheit ist nicht überall gefragt. Dabei sind gerade unerwartete Ergebnisse oft der beste Beweis für solide Forschung. Sind wir in unserem eigenen Denken offen dafür, dass die Dinge auch ganz anders sein könnten, als wir erwarten?

Wir lernen durch diese Übung auch besser, in den Gedanken anderer das Richtige zu finden – und gleichzeitig gedankliche Begrenzungen und Einseitigkeiten aufzuspüren. Die meisten der Theorien und Forschungsergebnisse, die uns umschwirren, sind ja nicht völlig falsch, nur gedanklich mitunter nicht vollständig, weil sie notwendigerweise einseitig sind. Es fehlen eben überall Faktoren – und oft eine gewisse Offenheit. Man kann natürlich nicht anders, als zunächst aus einer Richtung schauen!

Wir erkennen auch mehr und mehr, auf die Art und Weise zu achten, wie Gedanken vorgetragen werden: Mit einer übergriffigen Überzeugungskraft, als Sensation, als alleinseligmachende Wahrheit – oder mit Vorsicht und Vorbehalt? Wenn mich eines beeindruckt an vielen der sich äußernden Wissenschaftlern in diesen Tagen, so ist es ein immer wieder deutlich ausgesprochenes Bewusstsein von der Begrenztheit der Erkenntnisse und die Fähigkeit, dazuzulernen von Tag zu Tag. Demjenigen, der zugibt, dass wir vieles (noch) nicht wissen, glaube ich mehr als dem, der vorgibt, die einziggültige Erklärung schon zu haben! Obwohl auch der wahrscheinlich zum Teil recht hat…

Was also »sollen« wir denken? Was für eine Frage! Unsere eigenen Gedanken im Verarbeiten der vielen Informationen, aber eben durch Übung des Gedankenlebens immer klarere, vollständigere und eigenständigere Gedanken. Oder, wie es die beiden Leiter der medizinischen Sektion am Goetheanum Georg Soldner und Matthias Girke in einem Brief zur Lage ausdrückten:

»Wenn wir uns der Wahrheit nähern, so erleben wir die Verbindung unseres Wesens mit der geistigen Welt. Das Erkennen der Wahrheit kann Freude, Zuversicht, Vertrauen, Erfüllung wecken. Wir begegnen einer Qualität, die eine notwendige Orientierung gibt, den Menschen aus Anspannung und Unsicherheit befreit und dadurch die leiblichen Gesundungskräfte verstärkt. Demgegenüber kränken die Unwahrheit und die Lüge: Sie trennen den Menschen von der geistigen Wahrheitswelt, isolieren ihn und behindern die heilenden Kräfte, die aus der Wahrheit fließen. Rudolf Steiner gab Hinweise darauf, dass die ›Lügen der Menschheit‹ epidemiologische Bedeutung haben können. Es geht dabei nicht um den einzelnen Patienten, sondern vielmehr um den Umgang mit Wahrheit in der öffentlichen Diskussion. In einer Zeit der *fake news* und wahrheitswidriger Entstellungen ist auch diese geistige Dimension von Bedeutung.

Vor diesem Hintergrund sind aber auch Verschwörungstheorien über den Ursprung dieser Pandemie problematisch, wie sie nicht selten auch in anthroposophischen Zusammenhängen

> zirkulieren. Der Wille im Denken, die Wahrheit zu prüfen, die Fülle der Nachrichten selbst zu verdauen und sich nicht einfach anstecken zu lassen von bloßen Behauptungen, bildet einen Teil unserer Immunität, für den wir selbst verantwortlich sind.«[3]

Die Übung der Gedankenkontrolle täglich durchzuführen, ist gleichzeitig eine erste Übung in der Durchgestaltung meines Tagesablaufes. Für viele Menschen ist das in einem umtriebigen Alltag eine große Herausforderung! Es ist aber ganz uns selbst überlassen, den richtigen Zeitpunkt im Laufe des Tages zu finden, und dabei ist gerade bei Eltern jüngerer Kinder viel Kreativität gefragt! Aber auch wer ganz frei ist in der Gestaltung seines Tages wird bemerken, dass die Anforderung an mich selbst groß ist!

Selbstverständlich gelingt es nur wenigen Menschen auf Anhieb, so etwas konsequent durchzuhalten, und sei es auch zunächst nur für einen Monat, wie Rudolf Steiner empfiehlt. Man darf aber täglich neu anfangen, möge duldsam mit sich selbst sein und vor allem nicht aufgeben. Tröstlich ist, dass es den allermeisten Übenden nicht viel anders geht im Verfehlen der selbstgesteckten Ziele!

Mit der Zeit stellt sich dann ein Gefühl von Autonomie ein, eine Art Festigkeit, die man bis in den Körper hinein spüren kann – vom Kopf und Rückenmark ausgehend strömt eine Art Aufrichtekraft in mein Körpergefühl ein. Eigentlich ist insofern auch die Gedankenübung schon eine Art erste Willensübung. Doch davon mehr in der nächsten Woche!

In diesem Sinne wünsche ich fröhliches Üben und gute Gedanken!

3 Matthias Girke und Georg Soldner: *Corona-Pandemie – Aspekte und Perspektiven*, Medizinische Sektion am Goetheanum, 19. März 2020.

»Zweitens: Initiative des Handelns. Diese fehlt manchem Menschen fast ganz, denn von früh auf wird er gewöhnlich in einen Beruf gedrängt, der nun den größten Teil seines Handelns absorbiert. Unsere meisten Handlungen sind von außen bestimmt. Daher soll der, welcher die Einweihung sucht, es sich dringlich angelegen sein lassen, zu einer bestimmten Tageszeit regelmäßig eine Handlung zu verrichten, die aus inneren, eigenen Antrieben heraus kommt, mag dies im Grunde auch etwas Unbedeutendes sein.«

Rudolf Steiner, *Das christliche Mysterium*.
Basel 19. September 1906

3. Brief
Zweite Übung: Willenskontrolle

Liebe Freunde,
wenn es schon schwer ist, unsere Gedanken ein bisschen selbstbestimmter zu gestalten, um wie viel mehr gilt das nicht auch für unser *Willensleben*, unsere kleinen und großen Taten, die ja zum überwiegenden Teil ganz unbewusst ablaufen? Wer oder was steuert mich? Wer entscheidet, was ich den ganzen Tag über so mache? Meine Verpflichtungen, Befindlichkeiten, Vorlieben, meine leiblichen und seelischen Bedürfnisse?

Darauf zielt die zweite Übung hin – die *Initiative des Handelns*. Ich will selbst mehr und mehr Herr meines Tuns werden, das heißt, die Impulse zum Handeln sollen aus mir selbst heraus kommen – oder aus der recht ungreifbaren höheren Grundlage meiner Individualität, die mir nicht immer bewusst ist. Das Mysterium des Willens …

Dazu lautet die erstaunliche Empfehlung Rudolf Steiners, mir für jeden Tag zu einer bestimmten Zeit eine kleine Handlung vorzunehmen, die keinem anderen Zweck dient als dem der Schulung meines Willens. Am besten wähle ich etwas, was sich überall erledigen lässt, wie etwa ein Fenster zu öffnen und wieder zu schließen, eine Lemniskate in die Luft zu malen oder auch nur, mich am Ohr zu zwicken. Rudolf Steiners erster Vorschlag, sich eine Blume allein zum Zwecke des täglichen Gießens zu kaufen, scheint mir nicht ganz zielführend, denn die Blume braucht ja dann das Wasser, sodass die Handlung des Kaufens vielleicht ganz selbstbestimmt ist, die Handlung des Gießens aber aus der Natur der Blume notwendig wird. Außerdem haben wir modernen, mobilen Menschen die Blume ja dann nicht immer dabei.

Es ist gar nicht so einfach, einem solchen Vorsatz treu zu bleiben. Der genaue und täglich gleiche Zeitpunkt ist schnell verpasst – aber es lohnt sich, sich ihm anzunähern, denn auch das damit allmählich verbesserte Zeitgefühl stärkt das Ich! Zunächst kann es vorkommen, dass ich die Handlung oft nachholen muss, was mir besser erscheint, als sie für den Tag ganz aufzugeben, aber da gehen die Meinungen ein wenig auseinander, und wahrscheinlich muss jeder seinen eigenen Stil finden!

Gelingt es aber nach einiger Zeit, wird spürbar, wie sich Vorstellung und Herz verbinden und eine Art innere Stärke, ein Gefühl von Initiativkraft wächst. Man kann dieses Gefühl »vom Kopf bis über das Herz herabströmen« lassen. An einer Stelle spricht Rudolf Steiner sogar davon, dass so Ehrfurcht und Frömmigkeit entstehen! Dann ist es gut, weitere Handlungen dazu zu nehmen – im Laufe der Zeit wird das dazu führen, dass wir immer mehr Gewohnheiten umbilden, denn das ist es, was entsteht: Ich gebe mir selbst neue, selbstbestimmte und ganz eigene Gewohnheiten, lebe rhythmischer, werde ich-stärker, stärke durch meine Eigenaktivität meinen Lebensleib – und dadurch meine Widerstandskraft gegen kränkende Einflüsse, eben mein Immunsystem.

Gleichzeitig bemerke ich durch die Übung des Willens immer mehr, wie viele meiner sonstigen Handlungen eben nicht ganz selbstbestimmt sind:

- Was sind die alltäglichen Motive meines Handelns?
- Habe ich so manches schon immer so gemacht und agiere insofern nach meinem »Belieben«?
- Oder bin ich noch frei, mein Leben wenigstens im Kleinen zu gestalten?

Ein aktuelles Beispiel, über das ich gerade mit einer jungen Frau ins Gespräch kam, ist die Begrüßung bei Begegnungen. Sie erzählte mir, dass sie sich zunächst ganz und gar dagegen gesperrt habe, keine Hände mehr zu schütteln, und gerade zu Beginn der Corona-Zeit jedem die Hand geben, ihn in den Arm nehmen wollte. Dass sie dann aber im Gespräch mit einem Kommilitonen, der in einem Pflegeheim arbeitet, plötzlich bemerkt habe, dass das eigentlich nur aus einem gewissen Egoismus, aus dem Höherstellen der eigenen »Ideologie« über die Empfindlichkeiten des Gegenübers geschah. Denn bei näherem Nachdenken könne man zwar für sich selbst die Verantwortung übernehmen und sagen, man glaube eh nicht an Ansteckung oder sei stark genug, die Krankheit zu überstehen. Dabei bedenke man aber nicht, dass andere den Preis dafür zahlen könnten – oder mindestens die Unannehmlichkeit in Kauf nehmen müssten, etwas zu tun, was sie oder er vielleicht eigentlich anders handhaben wollten.

Eine Freundin berichtete mir von einem entfernten Bekannten, der sie beim Einkauf im Supermarkt unvermittelt in den Arm nahm, weil sie »doch auch nicht an Corona glaube, oder?« Das war ihr unangenehm, dieser Mensch hatte sie sonst auch nie in den Arm genommen. Wozu brauchte er das?

So wird jede Handlung, die von mir ausgeht, auch zu einer Frage an das Gegenüber – und es wird offensichtlich, dass auch diese kleine, scheinbar unbedeutende Geste des Alltags verschiedenen Motiven entspringen kann:

- Will ich mich vor anderen Menschen oder vor dem Virus schützen?
- Oder will ich andere vor mir schützen?
- Will ich demonstrieren, dass ich keine Angst habe?
- Will ich womöglich sogar dem anderen zeigen, dass er schlichtweg zu ängstlich ist?
- Oder dass ich dagegen bin, dass durch die neue Gewohnheit physische Nähe entzogen wird?

- Will ich die Befindlichkeiten des Anderen respektieren?
- Will ich Rücksicht zeigen?

Hier tut sich ein neues soziales Übungsfeld auf, in dem es immer wichtiger wird, eigene Handlungsmotive zu erkennen …

Weitere aktuelle Übungsmöglichkeiten bieten einfache gesundheitsfördernde Gewohnheiten. Sehr effektiv finde ich eine kleine Übung, die ich von einem Physiotherapeuten in der Paracelsusklinik in Unterlengenhardt gelernt habe: Tief einatmen, bis nichts mehr geht, dann einen Moment innehalten – und ausatmen mit »Lippenbremse«: Ffff … sagen oder die Lippen spitzen, als ob ich eine Kerze ausblasen sollte. Wiederum bis nichts mehr geht. Sehr langsam wiederholen – fünfmal oder siebenmal, jede Stunde oder alle zwei Stunden, nach Belieben, nach den eigenen Möglichkeiten, aber so, wie ich es mir vorgenommen habe! So wird die Lunge geübt und ihre Leistungsfähigkeit gesteigert, aber vor allem verbessert die Gliederung des Tages auch hier das Zeitbewusstsein.

In diesem Zusammenhang ist das nicht nur ein schöner Nebeneffekt. *Pünktlichkeit* ist Ich-Stärke – weil sie zeigt, dass ein Mensch seine Handlungen gut in den sozialen Zusammenhang stellen kann und nicht nur in seinem eigenen Seelenempfinden lebt. So wird es mit der Zeit auch leichter, andere Dinge zu festen Zeiten zu tun – etwa Gebete, wie wir sie in diesen Tagen in räumlicher Getrenntheit, aber großer seelischer Nähe miteinander pflegen wollen.

Diese Übungen pflegen in Bezug auf das für die Resilienz bedeutsame Kohärenzgefühl das Bewusstsein der Selbstbestimmtheit, der Bewältigungsmöglichkeit in allen Herausforderungen. Erinnern wir uns: Wichtig sind die drei Grunderlebnisse Verstehbarkeit, Bewältigbarkeit, Sinnhaftigkeit. Indem ich nun erfahre, dass ich meine Handlungen mehr und mehr verstehen und steuern kann, wächst das Gefühl der Handlungsfreiheit in Bezug auf das, was sich mir in den Weg stellt.

Gerade die Passionszeit und die Karwoche bieten sich für diese Übungen an – nicht nur wegen der meist auch bei diesen Versuchen auftretenden Erlebnisse anfänglichen Scheiterns. Treue wird geübt, auch Zurückstellen meiner momentanen Befindlichkeiten. Hingabe. Nicht das, was ich möchte, zählt – es gibt einen anderen, tieferen Willen, der gern bereit ist, sich einzusetzen, auch da, wo es unbequem wird. Der sich mit der Welt verbinden will. Diesem kann ich mich anschließen. Auch das ist eine Art des »Fastens«, des Verzichts auf Eigenwilligkeit, wie es zum Miterleben der Passion gehört!

Ich wünsche Ihnen allen eine innerlich erfüllte Karwoche!

»Dann muss sich der Mensch in Beziehung auf Lust und Leid beherrschen. Im gewöhnlichen Leben ist er der Sklaverei der Gefühle unterworfen. Er lacht, wenn ihm etwas besonders Lächerliches geboten wird, er weint bei irgendeinem traurigen Anlass. Der Schüler aber muss sich in der Hand haben, er muss sich nicht beherrschen lassen, sondern seinerseits Lust und Leid beherrschen. Viele meinen, sie würden auf diese Weise stumpf werden, aber das Umgekehrte ist der Fall. Wir überwinden auf diese Weise Lust und Leid, das heißt, dasjenige, was egoistische Lust und egoistischer Schmerz ist. Wir müssen den Weg finden, um gleichsam hineinzukriechen in andere Wesen, um mit ihnen zu fühlen. Es soll sich keiner von dieser Übung abhalten lassen aus Besorgnis, stumpf zu werden; er wird feiner empfinden.«

Rudolf Steiner, *Natur- und Geistwesen – ihr Wirken in unserer sichtbaren Welt.*
Wien, 7. November 1907

4. Brief
Dritte Übung: Gefühlsgelassenheit

Liebe Freunde,
es ist einigen Lesern aufgefallen, dass in den *Nebenübungen*, die ich hier bespreche, Parallelen zu dem kultischen Spruch offensichtlich werden, der am Ende des Beichtsakramentes gesprochen wird: Auch da geht es ja zunächst um die *Gedanken*, die hier dem Höheren geopfert werden sollen, und dann um den *Willen*, der empfangen wird aus diesem Höheren. Das ist offensichtlich etwas anderes, als Gedanken und Willen zu kontrollieren, aber doch gibt es einen Zusammenhang, weil das Kontrollieren letztlich auch darauf hinzielt, sich in einem höheren Zusammenhang zu finden. Ist die Arbeit an diesen Fähigkeiten die andere Seite einer Entwicklung, die zur Gesundung des Menschen so oder so notwendig ist?

Im dritten Schritt ist diese Entsprechung nicht ganz so offensichtlich – aber es ist die Rede davon, dass in der Folge der ersten beiden Sätze des Beichtspruches die Seele zum »*Fühlen* des Friedens« kommen wird. Es geht auch in der Beichte nach Denken und Wollen im dritten Schritt um das Gefühlsleben.

Wir alle kennen das zugrunde liegende Empfinden, insbesondere in der Jugend, in der die Seele sich noch ausprobiert, aber auch im Erwachsenenleben: Die Emotionen können ausarten, so sehr, dass ein besonnenes, selbständiges Leben kaum mehr möglich erscheint. Bei der überschäumenden Freude, dem großen Glück, dem Erfolgsgefühl oder dem vollen Genuss stört uns das meist nicht so sehr, obwohl auch sie uns so blenden können, dass uns das selbst unangenehm wird, eben wegen des drohenden Kontrollverlustes, der uns nicht geheuer ist.

Noch deutlicher ist, dass wirklich jeder mit den negativen Gefühlen besser fertigwerden möchte, sodass sie uns nicht mehr lähmen, erzürnen, mit Hass erfüllen oder schlicht den Blick auf die Wirklichkeit trüben – mit der Trauer bei Verlusten und Trennungen, mit dem Schmerz, dem Ärger und dem Zorn über Ungerechtigkeit, mit der existentiellen Angst und auch mit den quälenden Sehnsüchten und Begierden, dem Habenwollen. Im aufgewühlten Wasser spiegeln sich keine Sterne…

Im Hinspüren wird schnell deutlich, dass die beiden ersten Übungen zu gewissen Erfolgen geführt haben sollten, bevor ich meine Gefühle besser kennenlernen und vielleicht sogar steuern kann. Ursprünglich spricht Rudolf Steiner von jeweils einem Monat, bevor wir zur nächsten Stufe fortschreiten sollen. Ohne eine gewisse Souveränität auf dem Gebiet der folgerichtigen Gedanken und eine anfängliche Kontrolle im Willensleben verselbständigen sich die Gefühle immer wieder. Anthroposophisch-menschenkundlich gesprochen: Ein überbordender Astralleib braucht die Eindämmung durch einen durch Ich-Aktivität allmählich immer mehr gesundenden Ätherleib.

Es geht nicht um eine äußere »Kontrolle« dieser Gefühle. Sie sollen nicht etwa abgeschafft werden, sondern nur anschaubar werden für das selbstbestimmte Ich, das dann an und mit ihnen lernen kann. Wenn wir unsere Emotionen erst einmal besser kennenlernen, verlieren sie an Macht, und so manches, das uns vorher belastet hat, erledigt sich wie von selbst. Die Widersacher können sich nicht mehr in der Seele breitmachen, und wir gewinnen an innerer Freiheit.

Ein erster Schritt ist deshalb tatsächlich die *Selbsterkenntnis* in dieser Beziehung, die Anerkennung dessen, dass die Gefühle da sind, ich aber nicht von ihnen weggeschwemmt werden will. Ich schaue mich von außen an: Ich bin nicht das einzig Wichtige auf der Welt, sondern Teil eines großen Ganzen, der Menschheit, verschiedener sozialer Gemeinschaften. Ich reagiere auf Anlässe, die bei verschiedenen Menschen ganz unterschiedliche Reaktionen herbeiführen, daher ist die Reaktion »meine« und nichts Objektives. Die Anlässe treffen auf eine momentane Gestimmtheit (meine Laune), eine Gesinnung und eine Konstitution, die geprägt sind von Erfahrungen, die auch nicht »objektiv« sind. Und auf meine wahren Bedürfnisse, die auf vielerlei Weise befriedigt werden können. Ich habe keinen Anspruch darauf, dass mir ein bestimmtes Leid nicht geschieht. Im Gegenteil – Rudolf Steiner spricht davon, dass ich im Laufe der Zeit verstehen lernen kann, dass ich selbst es bin, der / die mir den berühmten Ziegelstein auf den Kopf geworfen hat, der mich unvermittelt trifft! Was will ich vom Schicksal lernen?

Solche Selbstreflexionen können mich insbesondere in emotionalen Ausnahmezuständen, wie man sie zum Beispiel in Zeiten einer Krise erlebt, immer wieder begleiten. Aber auch in der grundlegenden Stimmung meines alltäglichen Lebens kann ich mich in dieser Weise anzuschauen lernen. Wenn ich erst einmal bemerkt habe, dass bestimmte Wetterlagen, gesundheitliche Verstimmungen oder hormonale Schwankungen einen Einfluss auf mein Gefühlsleben haben, beginnt die Autonomie langsam wieder einzukehren.

Und nicht nur bei mir selbst kann ich solches beobachten: Gerade die einfühlende Wahrnehmung der Gestimmtheiten meiner Mitmenschen bringt mich dazu, das Gefühlsleben insgesamt realistischer als das zu sehen, was es wirklich ist: ein Okular, durch das wir die Welt wahrnehmen und mit dem wir auf die Umstände unseres Lebens mehr oder weniger angemessen reagieren. Die geistige wie die irdische Wirklichkeit können sich dann als davon weitgehend unabhängig erweisen!

Und schließlich kommt der Humor dazu, der von irgendwo da oben schaut und in jeder Situation auch Situationskomik finden kann. Auch er beruht auf einer Ich-Qualität: Der Narr hält mir den Spiegel vor und verhilft mir so zur schmunzelnden Selbsterkenntnis!

Ich kann auf diese Weise allmählich lernen, alle Gefühle einerseits anzunehmen, andererseits auch liebevoll zu verstehen – und dadurch werden sie handhabbarer mit der Zeit. Die Herausforderungen des Lebens kann ich immer besser akzeptieren – ohne anderen die Schuld geben zu müssen oder mit meinem Los zu hadern. Und wo Auflehnung und Widerstand auch einmal wichtig sind, wird das objektiver geschehen, nicht nur aus einer undurchsichtigen Betroffenheit, aus Angst vor Veränderung oder aus einem undurchschauten »Eigensinn«, mit dem ich das ablehne, was mir gerade nicht gefällt.

Für diese Übung, die ja das ganze Leben durchzieht, gibt es keine feste Zeit und keine fünfminütige Übungsanweisung, was das Üben zunächst erschwert. Aber es hat sich bewährt, am Morgen einen entsprechenden Vorsatz zu fassen und dann am Abend zurückzuschauen auf das Ge- und Misslingen. Beides wird da sein... Auch wenn es besonders im Anfang viele Unzulänglichkeitserlebnisse gibt, stellt sich doch mit der Zeit ein starkes Gefühl ein, dass ich mein Leben in Bezug auf meine Stimmungen mehr in die Hand nehmen will. Vom Herzen her kann dieses Gefühl in die Gliedmaßen und in den Kopf strömen und uns mit Frieden erfüllen – und das ist dann ganz so, wie es im Beichtspruch anklingt.

Das Herz ist der Kreuzungspunkt, der Kreuzigungspunkt, von dem alles ausgeht. Ich nehme mein Kreuz auf mich, indem ich mein Schicksal bewusst annehme als ein selbstgewolltes. Ein Motiv, das aus der Passion in die Auferstehung führen kann!

Ich wünsche Ihnen allen eine strahlende Auferstehungszeit!

»Weiter muss sich der Mensch die größte Unbefangenheit erwerben. Durch nichts wird er mehr abgenutzt, als wenn er an das Negative der Dinge herantritt; das bedeutet eine Disharmonie und zugleich eine Erschöpfung des Menschen. Dafür ist jene persische Legende maßgebend, die uns berichtet, wie der Christus Jesus und seine Jünger einst an einer Straße einen verwesenden toten Hund sahen. Die Jünger baten den Meister, sich doch nicht mit dem Hund abzugeben, das Tier sei doch zu hässlich. Christus aber besah sich den Hund und sagte: Was für schöne Zähne hat doch das Tier. Er suchte hier das Schöne in der hässlichen Sache. Alle Bejahung belebt, alle Verneinung erschöpft und tötet. Nicht nur, weil eine sittliche Kraft dazugehört, sich der positiven Seite einer Sache zuzuwenden, sondern weil eine jede Bejahung belebt und Kräfte der Seele frei und sicher macht.

In einem solchen Zeitalter wie heute herrscht auch die Nervosität. Nervosität und Kritiksucht gehören zusammen. Die vorgeschriebenen Tugenden sind dazu da, um höhere Kräfte für den Menschen freizubekommen.«

Rudolf Steiner, *Die Welträtsel und die Anthroposophie.* Berlin 19. April 1906

5. Brief
Vierte Übung: Positivität

Liebe Freunde,
das Stichwort für die vierte Nebenübung heißt *Positivität*, manchmal auch – wie in dem obigen Zitat – *Unbefangenheit, Toleranz, Duldsamkeit, Vertrauen in die Umwelt* oder *Sinn für Bejahung.* All das heißt natürlich nicht Schönfärberei oder naiver Optimismus! Was Rudolf Steiner meint, wenn er diese Seelenübung *nach* den ersten drei Schritten in Denken, Wollen und Fühlen empfiehlt, wird deutlich, wenn wir auf den Sinn des gesamten Übungswegs schauen. Immer geht es um ein gesundes In-der-Welt-Stehen, in dem wir

- klare Gedanken bewusst sinnvoll miteinander verbinden,
- Willensimpulse selbst fassen,
- unser Gefühlsleben nicht von äußeren Anlässen und Stimmungen steuern lassen.

Das alles führt zu einer tieferen Verbindung mit unserem selbstbestimmten Ich, unserem höheren Wesen, dem Christus in uns. Und dieser Christus schaut immer mit liebevollem Blick auf die Welt.

Wir können als Menschen gar nicht anders: Wo immer wir erleben, dass in den Niedergangskräften auch Auferstehung, im Dunkel auch Licht, im Sterbenden auch das Neugeborene anwesend ist, da erfahren wir die Überwindungskraft, die uns innewohnt, die Osterkraft des Christus, die wirkliche Ich-Qualität. Wo wir dem Sterbenden, Negativen, Zerstörerischen ohne diese liebevolle Sichtweise unsere Kraft widmen, da sind wir ihm ausgeliefert. Es zermürbt uns, macht uns besessen und getrieben von Gedanken, die nicht vollständig sind, von Willensimpulsen, die reaktiv bleiben, von Gefühlen, die uns vor sich hertreiben. In einer kritischen, skeptischen Gesinnung können wir die Welt vielleicht bis zu einem gewissen Grade durchschauen, aber nicht wirklich erkennen. Es gilt der Grundsatz: Man kann nur ganzheitlich verstehen, was man lieben kann.

Um willentlich positiv auf die Welt zuzugehen, braucht es allerdings die in den ersten Übungen erworbene Ich-Kompetenz, die wenigstens anfänglich vermitteln kann, dass wir selbstbestimmtere Wesen werden können – durch eigene Aktivität. Üben können wir aber im Kleinen auch schon, bevor das irgendwann so richtig gelingen will.

Diese Übung ist verbunden mit einer anderen, die Rudolf Steiner uns immer wieder nahelegt: Urteile zurückzuhalten. Dadurch entsteht erst die Möglichkeit, geistige Zusammenhänge zu erkennen, denn nur, wenn wir mit spontanen Urteilen zurückhaltend sind, meinen wir nicht schon zu wissen, was los ist, sondern bleiben den Phänomenen gegenüber wirklich neugierig und offen. Wie wäre es also für den Anfang einmal, meine eigenen Urteile über alle möglichen Kleinigkeiten in Frage zu stellen, beispielsweise:

- an vermeintlichem »Kitsch« das Schöne zu suchen?
- die Unfreundlichkeit eines Mitmenschen nicht nur zu entschuldigen, sondern liebend anzunehmen?
- einen verpassten Bus als willkommene Chance für einen Spaziergang zu nehmen?

In den derzeitigen Ausnahmezuständen gibt es reichlich Gelegenheit, eine solche Geisteshaltung zu praktizieren.

Das Zurückhalten von Urteilen ist ein wesentlicher Bestandteil der Alltagsübung der Positivität. Rudolf Steiner beschreibt diese für den Zeitgenossen wohl schon damals nicht ganz gewöhnliche Gesinnung auch an anderen Stellen immer wieder. Auch Goethe spricht davon: »Die Sinne trügen nicht, das Urteil trügt.«[4] Der Geistesschüler soll sich in Bezug auf Urteile möglichst völlig zurückhalten. Jedes gefällte Urteil wirft ihn zurück. Auch das kann uns zu denken geben. Und unser Denken kann es bestätigen: Denn durch die ersten Übungen wissen wir bereits, dass wir eine Sache von allen möglichen (!) Seiten anschauen müssen, um uns einer Wahrheit wenigstens anzunähern. Unter diesem Vorbehalt steht jede gediegene Forschung – und muss doch auf vielen Gebieten auch Zwischenergebnisse liefern, an denen wir alle uns im Leben als Entscheidungsträger orientieren können. Dabei ist es aber wertvoll, sich immer bewusst zu sein, wie vorläufig alle Erkenntnis ist … Auch dieses Bewusstsein kann uns helfen, mit positivem, liebevollem Blick auf das zu schauen, was uns im Leben so als Prüfungen begegnet.

Wann und wie wir üben, das ist auch bei diesem vierten Schritt nicht näher vorgeschrieben – einfach immer, wenn wir daran denken! Aber leider vergessen wir unsere guten Absichten insbesondere am Anfang der Übung immer wieder. Dann kann uns vielleicht am Abend bewusst werden, wo wir wieder einmal erlebt haben, dass die alte Gewohnheit der Kritiksucht oder unsere abschätzigen Urteile anderen gegenüber uns Kräfte entzogen haben. Und am Morgen nehmen wir uns kurz vor, es heute besser zu machen …

Wo die Bejahung, die Positivität ab und zu bewusst gelingt, entsteht ein warmes Gefühl im Herzen, das dann bewusst in die Augen und in die anderen Sinnesorgane gelenkt werden kann, um von dort in die Mitwelt auszuströmen. So wächst eine seelische Resilienz gegenüber den Herausforderungen des Lebens, ein neuer Blick auf die guten Entwicklungen, die durch Katastrophen, Schicksalsschläge, Krisen oft erst möglich werden. Im Laufe der Zeit stellen sich zu den schwierigen Themen des Lebens neue Gedanken ein, die nichts

4 J. W. v. Goethe: *Maximen und Reflexionen.* Werke – Hamburger Ausgabe Bd. 12, München 1981, S. 408.

Schönfärberisches haben, die uns vielleicht zunehmend als Hilfestellungen im Lernen erscheinen können. Der Wille wird nicht mehr gelähmt durch Negatives, und die Stimmung hellt sich auf, was uns immer wieder neue Kraft zu selbstbestimmter Aktivität geben kann.

Im vierten Satz des Beichtspruches, in dem wir wiederum Entsprechungen zu dieser Übung finden, geht es um die *liebevolle* Bewunderung der Offenbarung Gottes. Darin wird auch hier der Zusammenhang der beiden Schulungswege deutlich. Es fällt manchmal leichter, diese Bewunderung an der schönen Natur um uns herum zu erleben als an den Katastrophen und Zerstörungen der Welt. Aber zur Gottes-Offenbarung gehört eben auch das Menschengemachte, das oft eher nicht so ansprechend ist, das schwierige Zeitenschicksal, das ja immer irgendwie mit unseren menschlichen Aktivitäten zusammenhängt. Wohlgemerkt – nicht nur denen der *anderen Menschen*, denn wie oft sind wir nicht durch unser eigenes unbedachtes Handeln mitverantwortlich für die Niedergangstendenzen der Welt? Als Arbeitnehmer oder -geber, Konsumenten, als Verkehrsteilnehmer oder als Wähler zum Beispiel? Es ist zu einfach, alle Verantwortung abzuschieben auf die Drahtzieher, die »Machthaber«, die Bosse. Wo finde ich in all dem – noch oder wieder? – Aufgang, Schönes, Zukünftiges? Habe ich die großen Ohren des Osterhasen, um genau hinzuhören? Oder weiß ich immer schon, was ich davon zu halten habe, nämlich nichts Gutes? Lasse ich die Welt so zu mir sprechen, dass ich sie mit all ihren Herausforderungen als Offenbarung des Geistes dankbar bewundern kann?

In unserer vielschichtig verwobenen, komplizierten Zeit, im *Zeitalter der Bewusstseinsseele* offenbart sie mir komplexe Zusammenhänge, die ich nur sehr anfänglich durchschaue. Wenn ich sie aber empfinden kann als sinnvoll, wahr und schön, auch wenn sie Unrecht, Leid, Schweres mit sich bringen, dann kann ich lernen, mit den Herausforderungen zu leben, ohne darin unterzugehen. Das ist in akuten Krisen sehr schwer, aber eine liebevolle Hinwendung zum Sinnhaften kann mir ein Lebensgefühl vermitteln, das zwar nur langsam wächst, aber dennoch Sicherheit gibt. Ich kann es als einen großartigen Kunstgriff des Lebens anerkennen, dass ich viele Perspektiven einnehmen kann gegenüber allem, was mich umgibt. Dann kann mein Herz in dieser Osterzeit die göttliche Welt in der irdischen loben, mein Geist kann den Todbesieger fühlen, der in allem Todbringenden und Tödlichen eben auch immer anwesend ist.

Mein Ich kann liebevoll auf diese Welt schauen und so immer häufiger auch vertrauensvoll in ihr leben. Dadurch beginne ich zu verstehen, wie komplex und wunder-voll die Schöpfung ist. Nichts Menschliches muss mir fremd sein, denn es ist Teil eines großen Prozesses, den wir Menschen mitverantworten dürfen und der in allen Niedergängen auf Gesundung angelegt ist.

Mögen diese Anregungen Ihnen helfen, in jeder Beziehung zu gesunden!

»Die fünfte Eigenschaft ist die volle Unbefangenheit gegenüber allem Neuen, das uns entgegentritt. Die meisten Menschen beurteilen das Neue, das ihnen entgegentritt, nach dem Alten, was ihnen schon bekannt ist. Wenn jemand kommt, um ihnen etwas zu sagen, so erwidern sie gleich: Darüber bin ich anderer Meinung. – Wir dürfen aber einer Meinung, die uns zukommt, nicht gleich unsere Meinung gegenüberstellen, wir müssen vielmehr auf dem Ausguck stehen, um herauszufinden, wo wir etwas Neues lernen können. Und lernen können wir selbst von einem kleinen Kinde. Selbst wenn einer der weiseste Mensch wäre, so muss er geneigt sein, mit seinem Urteil zurückzuhalten und andern zuzuhören. Dieses Zuhörenkönnen müssen wir entwickeln, denn es befähigt uns, den Dingen die größtmögliche Unbefangenheit entgegenzubringen. Im Okkultismus nennt man dies ›Glaube‹, und das ist die Kraft, die Eindrücke, die das Neue auf uns macht, nicht durch das, was wir demselben entgegenhalten, abzuschwächen.«

Rudolf Steiner, *Die Welträtsel und die Anthroposophie*. Berlin, 7. Dezember 1905

6. Brief
Fünfte Übung: Vorurteilslosigkeit

Liebe Freunde,
kennen sie das? Da schreibt einer irgendwo ein Wort ganz offensichtlich anders als die Regeln der Rechtschreibung es vorsehen – und schon denke ich: Naja, richtig schreiben müsste man können! Oder: Jemand behauptet, dass Wasser auch aufwärts fließen kann – und sofort ist das Urteil da: Das habe ich aber anders gelernt – und man sieht doch auch, dass es nicht stimmt! Oder jemand behauptet, er habe jemanden gesehen, von dem mir bekannt ist, dass er verreist ist, und ich urteile erstmal: Kann ja gar nicht sein!

Von solchen Alltagssituationen handelt die fünfte Nebenübung die mit *Unbefangenheit, Vorurteilslosigkeit* oder auch *Freiheit von Urteilen* charakterisiert wird. Auch die Begriffe *Glaube* und *Vertrauen* gebraucht Rudolf Steiner in diesem Zusammenhang.

Schon letzte Woche haben wir diese zu übende Eigenschaft gestreift: Sie hängt eng zusammen mit der *Positivität*, und bemerkenswert ist es, dass diese *vor* der Unbefangenheit geübt wird. Es wird deutlich, dass zur Vorurteilslosigkeit ein liebevoller Blick gehört, der geübt sein will, bevor die eigentliche Offenheit für Neues überhaupt möglich wird.

Natürlich soll niemand seine Erfahrungen außer Acht lassen. Sie werden aber erst wertvoll, wenn sie immer dem Vorbehalt unterliegen, dass es ja heute auch ganz anders sein könnte als in der Vergangenheit, dass neue Faktoren hinzugekommen sind, die Bedingungen sich geändert haben könnten. Vielleicht haben sich die Rechtschreibregeln geändert, vielleicht schreibt man das vermeintlich (oder auch tatsächlich!) falsch geschriebene Wort anderswo anders? Vielleicht wirkt beim aufwärts fließenden Wasser ein Naturgesetz, das ich neben das stellen muss, das ich schon kenne (das Wasser wird etwa durch heftigen Winddruck hochgeschoben)? Oder die Bedingungen haben sich geändert, der Reisende ist zurückgekehrt oder auch gar nicht gefahren, und mein Urteil war vorschnell. Immer muss ich bereit sein, dazuzulernen!

Natürlich muss ich nicht alles für wahr halten, was mir begegnet oder manchmal auch heftig entgegengebracht wird. Aber zumindest muss ich erstmal prüfen, ob es nicht doch so sein könnte, wie es mir »falsch« erscheint. Es wäre ja möglich, dass ich irre! Damit ich aber nicht überwältigt werde von all dem, was da zu prüfen wäre, muss ich eben vorher auch schon einigermaßen gerade und folgerichtig denken können, Zusammenhänge als wesentlich und unwesentlich erkennen und meinen Willen strukturieren können. Vor allem darf ich in meiner Gesinnung nicht mehr abhängig sein von Stimmungen und Vorlieben. Denn sonst lebe ich ständig in einer Überflutung durch Unsicherheiten und beheimate mich doch lieber wieder in Gewohnheitsgedanken und -impulsen.[5]

Das Neue und Ungewohnte zu prüfen, heißt eben gerade nicht, es sogleich abschließend richtig oder falsch, gut oder schlecht zu finden. Vielmehr füge ich meinem Weltbild ständig neue und zumindest teilweise berechtigte oder jedenfalls verständliche Aspekte hinzu. Aus der Fülle entsteht dann mit der Zeit eine Art inneres Bild, das mich befähigt, angemessen zu handeln, statt mit Meinungen um

5 Zu diesen Fragen sehr erhellend sind auch die im Anschluss an eine Fassung der Nebenübungen gegebenen »Weiteren Regeln in Fortsetzung der allgemeinen Anforderungen«, die beschreiben, wie der Einzuweihende keine ungeprüften Vorstellungen in seine Seele aufnehmen soll, wie die Summer der neu zu erwerbenden Vorstellungen ständig vermehrt werden sollte, wie Sympathie und Antipathie gegenüber bestimmten Meinungen keinen Einfluss auf meine Wahrnehmungen haben dürfen und wie jede Scheu vor dem Abstrakten zu überwinden ist. (*Anweisungen für eine esoterische Schulung.* GA 245, S. 22ff.)

mich zu werfen. Insofern wird der übende Mensch alles erst einmal interessant finden können und versuchen zu verstehen, inwiefern es berechtigt ist, die Dinge auch ganz anders als gewohnt anzuschauen.

Ganz besonders gesund ist das in Bezug auf fremde Weltanschauungen und Religionen. Solche Vorstellungsgebäude sind ja oft archaisch, sehr »alt«, denn sie haben sich in vorhistorischen Zeiten in Bilder gekleidet und dann über Jahrtausende oft in vielen Varianten weiterentwickelt. Die entstandenen Lebenswelten sind ganz unterschiedlich. Sie prägen Kulturen und Lebensgewohnheiten – und damit auch die Seelenhaltungen der Menschen, die in sie hineingewachsen sind. Diese Prägungen gehen tief und machen viele der kulturellen Unterschiede aus, die uns das Gefühl geben, in völlig verschiedenen Welten zu leben, die nicht zusammenkommen können. So bieten sie reichlich Gelegenheit zum Üben einer unbefangenen Geisteshaltung.

Wie kann ein religiöser Grundsatz, ein Gesetz, eine Weisheit oder eine Gleichnisgeschichte gemeint sein, damit sie Sinn ergeben, eine bestimmte Entwicklung fördern, zum Werden der Menschheit beitragen? Mit einem positiven und unvoreingenommenen Blick entschlüsselt sich manches, erfüllt sich mit neuem Sinn, entsteht ein empathisches Verhältnis zu dem Anderen und Fremden, das uns ohne diese Geisteshaltung vielleicht sogar bedrohlich erschien.

Und selbst dann, wenn wir auf naturwissenschaftliche Forschungen schauen, werden wir bemerken, dass viele Studienergebnisse eine Wirklichkeit einfach aus *einer* Sicht ganz gut beschreiben, aber eben ohne andere Blickrichtungen noch nicht so aussagekräftig sind, wie die Studienleiter es gern hätten, die eben hauptsächlich aus der Perspektive ihres Faches schauen. Jeder ist ja ein bisschen betriebsblind, weil er seine Spezialgebiete pflegt. Gesucht wird aber letztlich immer das vollständige Bild einer Welt, die durch ihr ständiges Wachsen und Werden keine letzten Wahrheiten gestattet. Jeder kann ein wenig zu dieser Erkenntnis des Ganzen beitragen.

So werden wir lebenslang lernende »Schüler«, und zwar nicht solche, die nachbeten, was irgendein Lehrer hören will, sondern eigenständig Lernende, die Liebe entwickeln zu den sich immer neu auftuenden Zusammenhängen der Gottes- und der Menschenschöpfung!

Lernen ist das Hauptmotiv des Beichtspruches, der in seiner fünften Zeile davon spricht, dass es durch dieses Lernen möglich wird, sich den Mitmenschen liebevoll zu erweisen. Wiederum können wir darin unschwer das erkennen, was durch die Übung der Unbefangenheit, der Vorurteilslosigkeit im Zusammenhang mit der vorangegangenen Übung der Positivität angelegt wird. Was wir erkennen vom geringsten unsere Brüder und Schwestern, das haben wir vom Christuswesen erkannt. So wie es im Matthäus-Evangelium als Christuswort beschrieben ist, dass wir ihm das antun, was wir unseren Mitmenschen zukommen lassen, können wir es heute fortführen: Was wir von den Gedanken anderer Menschen wirklich vorurteilsfrei denken können, bringt uns dem Wesen der Welt näher![6]

In diesem Sinne wünsche ich Ihnen eine freudige Lernzeit!

6 Rudolf Steiner, *Der innere Aspekt des sozialen Rätsels.* (GA 193) Zürich, 11.2.1919.

»Im sechsten Monat soll man dann versuchen, systematisch in einer regelmäßigen Abwechslung alle fünf Übungen immer wieder und wieder vorzunehmen. Es bildet sich daher allmählich ein schönes Gleichgewicht der Seele heraus. Man wird namentlich bemerken, dass etwa vorhandene Unzufriedenheiten mit Erscheinung und Wesen der Welt vollständig verschwinden. Eine allen Erlebnissen versöhnliche Stimmung bemächtigt sich der Seele, die keineswegs Gleichgültigkeit ist, sondern im Gegenteil erst befähigt, tatsächlich bessernd und fortschrittlich in der Welt zu arbeiten. Ein ruhiges Verständnis von Dingen eröffnet sich, die früher der Seele völlig verschlossen waren.«

Rudolf Steiner, *Anweisungen für eine esoterische Schulung*, S. 20f.

7. Brief
Sechste Übung: Innere Harmonie

Liebe Freunde,
heute kommen wir zur letzten der *Nebenübungen*, die Rudolf Steiner als Hilfe zum gesunden Darinnenstehen in der Welt empfiehlt. Die sechste Übung ist sehr wenig beschrieben, und wo wir etwas über sie finden, ist es recht diffus. Vielleicht ist sie dadurch die schwerste – auch weil sie scheinbar keine neuen Inhalte mit sich bringt und der Übende in die Versuchung kommt, sie deshalb leicht zu nehmen oder gar zu überspringen. Wir üben in ihr die »Harmonisierung der fünf Eigenschaften«. Das wird mitunter auch *Ausdauer*, *Standhaftigkeit* und *Beharrlichkeit* genannt.

Was kann damit gemeint sein?

Gedankenführung, Willensimpulse, ein bewusst angeschautes Gefühlsleben, Positivität und Unvoreingenommenheit können uns durch das regelmäßige Üben immer mehr zum eigenen Anliegen werden. Sie treten schon durch die angestrebte Reihenfolge immer miteinander in Beziehung und offenbaren, was sie miteinander zu tun haben. Ohne Gedankenkontrolle – keine Willenskontrolle. Ohne diese beiden – keine Erfolge bei der Souveränität im Gefühlsleben. Ohne ein gewisses Gefühlsgleichgewicht keine wirklichkeitsgemäße Positivität, ohne wirkliche Positivität keine echte Unvoreingenommenheit …

Immer ist es das Ich, das sich so durch seine seelischen Aktivitäten kennenlernt. So wird uns »der, der denkt, die, die handelt, das Fühlende in uns, der, der mit oft nicht ganz selbstbestimmten Gesinnungen durch die Welt geht«, immer bewusster:

- Wer bin ich eigentlich?
- Was ist mein Wesen?
- Wie kann ich so leben, dass es dem Christus in mir, dem höheren Werden, dem Menschlichen immer mehr entspricht?
- Schmerzlich wird mir bewusst, wie klein ich noch bin im Verhältnis zu dem, was werden will …

Und doch eröffnet gerade das Üben mir die Möglichkeit, selbst mitzuarbeiten am zukünftigen Menschen – in mir und damit an der Menschheit. Ich kann aktiv werden, und in der Aktivität liegt der Schlüssel zu einem gesunden Selbstwertgefühl, meiner inneren Selbstständigkeit, meiner – trotz allen Übens noch sehr anfänglichen – Autonomie. Das alles sind Faktoren, die mich resilienter machen gegen die Anfechtungen und Kränkungen des Lebens.

Das Stichwort heißt *Verantwortung*: Ich nehme mein Leben in die Hand, bleibe dran. Ich bemerke, dass mir im täglichen Leben vieles begegnet, an dem ich anstoße, weil ich durch das Üben aufmerksamer bin auf Ablenkungen von dem, was ich will – Gedanken, die sich aufdrängen oder mich von dem weglocken, was eigentlich gerade dran ist, Handlungsimpulse, die aus Motiven geschehen, die fremdbestimmt sind, Gefühle, die mich korrumpieren, eine skeptisch-kritische Lebenshaltung in vielen Dingen, Vorurteile aller Art …

Das alles wird nicht aus meinem Leben verschwinden, aber ich werde darauf aufmerksam und bin nicht mehr so leicht bereit, es zu entschuldigen mit einem saloppen »So bin ich eben …« Ich übernehme Verantwortung für meine Gedanken, mein Tun und Lassen, meine Gefühle und Einstellungen gegenüber anderen und der Welt. Und damit wird mir deutlicher, dass ich keine Sündenböcke mehr brauche, die Schuld sind an meinem Elend. Keine »Meinungen«, mit denen ich mich wohl fühle, weil sie mich bestätigen in meinem – ganz zu recht – unsicheren Lebensgefühl. Ich lerne es, die Unsicherheiten, die Vieldeutigkeit, die Spannungen auszuhalten. Ich gewinne an Souveränität.

Im Beichtgespräch kann ich mein Leben daraufhin anschauen, wie es mir gelingt, eine solche Verantwortung zu übernehmen. Stehe ich zu meiner Unsicherheit, meinen Schwächen, meinen Kränkungen?

Ich lasse den Christus auf mich schauen. Sein Blick ist immer ein liebevoller, was mich darin bestärkt, auf mich selbst, die anderen Menschen und die Welt in gleicher Weise wohlwollend, das heißt positiv und unvoreingenommen zu schauen. Es ist äußerst selten, dass jemand mir dezidiert Böses antun will, jeder versucht in der Regel an seiner Stelle das zu tun, was ihm möglich ist. Und wer mir wirklich übel will, der ist in der Regel selbst gekränkt und schwach und braucht daher eher mein Verständnis als meine Abneigung, meine Antipathie. Im Blick auf das Vaterunser vergeben wir, wie uns vergeben wird. Im Jurastudium, in dem ich mich viel mit Kriminalpsychologie beschäftigt habe, wurde mir klar, wie sehr wir alle »Nuancen in Grau« sind, gemischt aus dem, was wir Gut und Böse nennen – statt Schwarz oder Weiß – oder eben äußerst bunte Wesen!

Viele zwischenmenschliche Anstrengungen und Verwirrungen scheinen mir daraus zu resultieren, dass wir nicht unterscheiden zwischen berechtigten Fragen an das Ideal und notwendigem Handeln oder Unterlassen. Manchmal müssen wir etwas tun, ohne dem Ideal gerecht werden zu können. Nichtstun hat auch Konsequenzen, Versäumnisse können verheerende Folgen haben, uns auch zu Schuldigen machen. Und zu anderen Zeiten, in einer anderen Schicht unserer Seele können wir ohne Verantwortung übernehmen zu müssen dieses Handeln anschauen, befragen, kritisieren. Was würde ich tun, wenn ich die großen ethischen, politischen, wirtschaftlichen Entscheidungen treffen müsste? Wenn ich mir das klarmache, empfinde ich bei allen Fragen doch auch Dankbarkeit denen gegenüber, die im Leben Positionen bekleiden, die ich nicht einnehmen muss. Ich gestehe ihnen zu, auch Fehler zu machen – je klarer sie den Eindruck vermitteln, dass sie sich nicht unfehlbar finden, umso mehr! Oder aber: Ich übernehme selbst Verantwortung, nicht allein und eigenwillig, sondern so, wie es gemeinschaftsdienlich ist.

Immer aber kann ich üben, mich mehr für das Menschsein an sich verantwortlich zu machen. Auch das ist Wandeln mit Christus und stärkt das Herz in mir.

Wie kann ich nun also konkret durch mein Üben der *Inneren Harmonie* dazu beitragen? Am Morgen an die Nebenübungen denken und sie so üben und anschauen, dass sie den ihnen jeweils angemessenen Raum in meiner Seele einnehmen, Defizite mutig anerkennen und dann der Stärkung nachspüren … Und am Abend schauen, was daraus geworden ist, vielleicht bevor ich tatsächlich einen Rückblick auf den Tag als Ganzes wage?

Im Beichtsakrament steht im sechsten Satz die Zusicherung, dass nach den ersten fünf Aussagen in unser ganzes Wesen die Liebe zu Gott einziehen wird – das heißt doch auch: die Liebe zur Sinnhaftigkeit des Daseins, der Schöpfung. Ich fühle mich getragen und schöpfe Kraft aus diesem Lebensgefühl. So kann ich mich der Welt wieder zuwenden, denn dieser sechste Satz ist noch nicht der letzte – und auf den Beichtspruch folgt ja, möglichst nachdem wir eine Nacht darüber geschlafen haben, eine individuelle Kommunion, wie sie in den Zeiten der Kontaktbeschränkungen ja nicht im Gottesdienst, sondern in einer persönlichen Verabredung mit dem Priester möglich ist. Davon später mehr.

Alles Gute für ein gesundes Drinnenstehen in der Welt!

»Je mehr der Mensch auf seinen eigensinnigen Meinungen pocht und sich nur für diese interessiert, desto mehr entfernt er sich in diesem Augenblicke der Weltentwicklung von dem Christus.

Je mehr der Mensch soziales Interesse entwickelt für des anderen Menschen Meinungen, auch wenn er sie für Irrtümer hält, je mehr der Mensch seine eigenen Gedanken beleuchtet durch die Meinungen der anderen, je mehr er hinstellt neben seine eigenen Gedanken, die er vielleicht für Wahrheit hält, jene, welche andere entwickeln, die er für Irrtümer hält, aber sich dennoch dafür interessiert, desto mehr erfühlt er im Innersten seiner Seele ein Christus-Wort, das heute im Sinne der neuen Christus-Sprache gedeutet werden muss.

Der Christus hat gesagt: ›Was ihr einem der geringsten meiner Brüder tut, das habt ihr mir getan.‹

Christus hört nicht auf, immer wieder und wieder sich den Menschen zu offenbaren, bis ans Ende der Erdentage. Und so spricht er heute zu denjenigen, die ihn hören wollen: Was einer der geringsten eurer Brüder denkt, das habt ihr so anzusehen, dass ich in ihm denke, und dass ich mit euch fühle, indem ihr des anderen Gedanken an euren Gedanken abmesset, soziales Interesse habt für dasjenige, was in der anderen Seele vorgeht. Was ihr findet als Meinung, als Lebensanschauung in einem der geringsten eurer Brüder, darin sucht ihr mich selbst.«

Rudolf Steiner, *Der innere Aspekt des sozialen Rätsels.* Zürich 11. Februar 1919

8. Brief
Soziale Auswirkungen der Übungen

Liebe Freunde,
wir haben nun die sechs sogenannten *Nebenübungen* kurz angeschaut, die eigentlich Kern- oder *Hauptübungen* heißen sollten, wie eine Leserin bemerkte. Einerseits sind sie ja als »Neben«-Übungen für diejenigen gedacht, die sich einem spirituellen Leben in Form von verschiedensten Meditationen widmen, die bei Rudolf Steiner dann »Haupt«-Übungen heißen. Sie sind dem Geistesschüler aufgegeben damit jeder Schritt in die geistige Welt begleitet ist von zwei Schritten in der moralischen Entwicklung.

Andererseits aber legen wir hier den Schwerpunkt darauf, dass ein solches Üben eine große Hilfe sein kann für *jeden* strebenden Menschen, der gesund in der Welt und in sozialen Zusammenhängen stehen will. Da sind die Nebenübungen tatsächlich die *Hauptübungen*, und es gibt daran genug zu tun für eine Lebenszeit! Der Wunsch danach, ein solches »Resilienztraining« in dieser besonderen Zeit noch einmal ins Bewusstsein zu holen, entstand auch aus der Beobachtung, dass viele von uns gerade im Sozialen in all den Verunsicherungen leicht in »Schieflagen« geraten, in denen sich die Frage stellt, ob die sich offenbarenden Gesinnungen eigentlich gesund sein können. Meist bemerken wir allerdings diese Ungleichgewichtigkeiten bei anderen eher als bei uns selbst…

Aber seien Sie versichert: Es gibt das Gefühl, Übergriffigkeiten und sozialem Mobbing ausgesetzt zu sein momentan in jeder erdenklichen Richtung bei vielen Menschen, die ganz unterschiedliche Haltungen einnehmen zu den sich gerade auftuenden Fragen.

Deshalb heute ein Blick darauf, was die Nebenübungen im Sozialen bedeuten können. Wie werden wir in alledem sozialtauglich durch eine solche spirituelle Schulung?

Es ist deutlich, dass ein gesundes Erkenntnisleben hilfreich ist, wo es gilt, Übereinstimmungen herzustellen, um zu gemeinsamen Entschlüssen zu kommen. Jeder der Beteiligten ist in erster Linie gefragt, seine eigenen Erkenntnisse nicht absolut zu nehmen, sie zu relativieren an denen der anderen. Wir können uns eingestehen, dass wir eigentlich sehr wenig wissen. Dass wir das Wenige darum oft überbewerten, zu wichtig nehmen. Dass wir versuchen, die sich aufdrängenden Konsequenzen unseres Nichtwissens bestmöglich zu verdrängen.[7]

Als Handelnde sind wir trotzdem vielfach darauf angewiesen, uns mit Mitverantwortlichen ins Einvernehmen zu setzen. Wo wir selbst nicht direkt verantwortlich sind, etwa weil wir Entscheidungen auf die eine oder andere Weise delegiert haben (wie in Gemeinden, in Einrichtungen und Vereinen, auf kommunaler Ebene oder im Gemeinwesen Staat) brauchen wir dazu an sich keine völlige Übereinstimmung. In Organisationen und Gemeinschaften gehört zu den Regeln meist, dass wir uns Mehrheitsentscheidungen fügen oder in Einmütigkeitsfragen das Notwendige mittragen so gut es geht. Wo es nicht geht, gibt es in der Regel Rechtswege …

Jeder kann anders auf die notwendigerweise von den Zuständigen nach gebotener Abwägung getroffenen Entschlüsse schauen und muss nicht in allem konform »meinen«. Ich kann den Andersdenkenden sogar besonders achten, weil er mehr sieht als ich – und an anderen Stellen vielleicht auch weniger.

7 Frei nach Klaus Wellershoff (*Plädoyer für eine bescheidenere Ökonomie*, Zürich 2018), Nationalökonom, früherer Chefökonom der UBS-Bank und Hochschullehrer an der Universität St. Gallen.

We agree to disagree, aber respektieren die Entscheidungswege, solange wir keinen Grund haben, sie für lebensgefährlich oder komplett unrechtmäßig zu halten *und* Gefahr im Verzug ist. Unser Gefühlsleben ist aber nicht so ohne Weiteres fähig, alles in solcher Weise mitzutragen, denn wo meine Gesinnung nicht wirklich so selbständig und ichhaft ist, wie es das Ziel der Nebenübungen ist (das nie erreicht werden kann …), streben meine Gefühle nach Rechthaben, danach, »Mitstreiter« zu haben, sich zuhause fühlen zu dürfen unter Gleichgesinnten. Oft gelingt das nur im Finden eines gemeinsamen Gegners, eines Sündenbockes …

Wer Entscheidungen von berufener Stelle respektiert, wird deshalb in eine emotional belastete Ecke abgeschoben (»Schlafschafe«, die obrigkeitstreu alles abnicken) – ebenso wie auf der anderen Seite der Rebell von den Konformisten (»Verschwörungstheoretiker«).

Durch die Gedankenübung lerne ich, dass meine Gedanken (und die, die ich anderen »nach-denke«) nur *einen* Blickwinkel ergeben, sich Gesichtspunkte beliebig erweitern lassen, die Wahrheit nie endgültig ist, ich immer weiter lernen kann. Ich lerne meinen Willen besser kennen und verstehe, dass die Gründe nicht immer die Gründe, die Motive manchmal anders sind, als es sich mir durch meine subjektive Gesinnung aufdrängt. Und im Gefühlsgleichgewicht ärgert, ängstigt, verletzt mich vieles nicht mehr, was ohne die Übung heftige Emotionen hervorgerufen hätte. Ich fange an, positiv-lernend auf Dinge zu schauen, die mich sonst zutiefst getroffen, irritiert oder anderweitig negativ berührt hätten – und beginne, anderen Menschen mit ihren Meinungen und Standpunkten gegenüber etwas unbefangener zu werden. »Vielleicht hat er ja auch recht, wenigstens ein bisschen …«

Ich selbst brauche dann keine festen Standpunkte mehr, kann von zwischenzeitlichen Anschauungen aus weitergehen oder sie verlassen, um immer wieder einmal ganz anders und neu auf die Welt zu schauen.

Rudolf Steiner beschreibt das Einleben in den Standpunkt des anderen als den Gedankenweg zu Christus: Was Du verstanden hast von dem geringsten deiner Brüder, das hast Du von Christus verstanden. Schuldzuweisungen und Vorwürfe – auch in die Anonymität hinausgeschleudert – sind damit nicht wirklich vereinbar. Das heißt nicht, dass wir alles »ungeprüft« gut finden sollen. Aber das geübte Denken, das Bewusstsein vom »Mysterium des Willens«, das harmonische Gefühlsleben vereinen sich mit einer Grundpositivität, die uns von allem lernen lässt, und mit einer Unvoreingenommenheit, in der die Dinge anders sein dürfen, als ich sie gern hätte. Verdrängung, Verleugnung, Verdrehung sind seltenst böser Wille oder Ignoranz – sie entstehen, wo ich nicht ertrage, dass meine Welt sich verändert. Weil nicht sein kann, was nicht sein darf, suche ich nur noch die Wahrnehmungen auf, die das für mich Verlässliche bestätigen. Ich traue mir keine Schritte auf dem Wasser zu …

Dabei darf ich vertrauen auf die Lebenswelt des Christus, die die unsere ist, und in die er sich in der Himmelfahrt ausgeweitet hat. Da hatte er nicht mehr einen Ort auf der Erde, an dem er sich den Jüngern zeigte, da wurde er weltweit.

Das Beichtsakrament, das uns begegnet ist als die andere Seite der Seelenübungen, hilft uns dieses Vertrauen in die Lebenswelt zu entwickeln. Es entspringt der pfingstlichen Stimmung – dass nämlich Gemeinschaft entsteht, wo die Menschen in verschiedenen Sprachen einander vom Wesentlichen sprechen, und der Geist uns hilft, sie in unseren Sprachen zu verstehen. Doch dazu nächste Woche mehr …

»Jesus antwortete: Das höchste Gebot ist das: ›Höre, Israel, der Herr, unser Gott, ist ein einzigartiger Gott, und du wirst den Herrn, deinen Gott, lieben von ganzem Herzen, von ganzer Seele, von ganzem Gemüt und mit all deiner Kraft.‹ Das andere ist dies: ›Du wirst deinen Nächsten lieben wie dich selbst.‹ Es ist kein anderes Gebot größer als diese.«

Markus 12,29-31

9. Brief
Soziale Wirkungen des Beichtsakraments

Liebe Freunde,
die Grundidee dieser Serie ist es, in kurzen Briefen einige Übungen zur seelischen Gesundheit zu beschreiben, um uns in der derzeitigen Situation zu vergegenwärtigen, wie wir uns als Einzelne gut geerdet in unsere jeweilige Schicksalssituation hineinstellen können, ohne die Bodenhaftung, den spirituellen Überblick, die Liebe zur Welt zu verlieren. Dabei haben sich immer wieder Zusammenhänge aufgetan, die diese Übungen mit dem Beichtsakrament verbinden, das ja ebenfalls der Schicksalsbewältigung dient. Oder, wie der Mitbegründer der Christengemeinschaft Rudolf Frieling es »volksetymologisch« ausdrückte, der Be-Ichung des Menschen, eben als Be-Ichte…

Das gilt gerade auch für die Wirkung der Übungen auf unsere Bemühungen im Sozialen. Die am Ende des Beichtsakramentes ausgesprochene Aufforderung, die mit dem großen »Lerne!« beginnt, mündet in die Liebe zu Gott und der Welt, das heißt: in eine neue Beheimatung im großen Menschheitszusammenhang für alle von uns, die wir längst heimatlos geworden sind im Sozialen. Die alten Ordnungen tragen nicht mehr, wir sind wurzellos, von den alten sozialen Gruppen weitgehend befreit, aber darum auch einsam. Christian Morgenstern sagt: »Die zur Wahrheit wandern, wandern allein«[8], und das ist schwer auszuhalten.

Aber wie Rudolf Steiner es an anderer Stelle ausdrückt: Es gibt ein neues, bewusstes »Hineinstellen in die Menschenordnung«, das

8 Christian Morgenstern, *Wir fanden einen Pfad*. Neue Gedichte, 1914.

allerdings ständig erneuert werden muss, wenn es nicht wieder in Gewohnheiten münden soll, die zu alten Gruppengesinnungen führen sollen. Das Ich lernt bestenfalls, Einsamkeit auszuhalten ohne Flucht in die Behaglichkeit des Alten.

So weit so gut. Aber wie kommen wir dahin?

Der erste Schritt zum Beichtsakrament, dem individuellen Schicksalssakrament, ist der Entschluss, mein Leben anschauen zu wollen mit dem Blick des Christus. Schon das erfordert einen gewissen Mut, denn ich weiß, dass in der Folge des Sakraments unter anderem viele der positiven Vorurteile schwinden werden, die ich mir selbst gegenüber gern pflege. Es folgt das verabredete biografische Gespräch, bei dem der Priester Zeuge ist – und nicht etwa menschliches oder therapeutisches Gegenüber. Nach dem Gespräch spricht er oder sie die Aufforderung, das Gebet, den Segensspruch aus, im wahrsten Sinne einen Zu-Spruch, der einen gebundenen Wortlaut hat, wie er hier schon des Öfteren angeklungen ist.

Ich, das Beichtkind (ja, denn ich bin im Werden, Neu-Werden begriffen wie ein Kind, auch wenn ich als Ich das erwachsenste übe, was sakramental geht!) will mir etwas vornehmen: Hingabe – meine (liebgewordenen) Gedanken so hinzuopfern, dass sie nicht mehr mir gehören, sondern aus der Sphäre des Göttlichen geliehen sind, und meinen Willen nicht mehr eigensinnig durchdrücken zu wollen, sondern zu empfangen nach den Gesetzen des Schicksals. Auf diese ersten Sätze bezieht sich die Aufforderung zum Lernen, gewissermaßen mein »Gelübde«.

Dann werden Folgen ausgesprochen, die eintreten können, wenn ich an diesen Lernzielen dranbleibe: Frieden in der Seele, liebevolle Bewunderung der Offenbarung des Göttlichen in der Welt und liebevolles Handeln im Mitmenschlichen. Diese drei Schritte verbinden sich mit den Übungen Gefühlsgleichgewicht, Positivität, Unvoreingenommenheit, die alle die beiden ersten Sätze / Nebenübungen / das »Gelübde« des Lernens voraussetzen. Und als

Ziel – gewissermaßen als zweigeteilten letzten Schritt der Harmonisierung der Übungen – entsteht die Liebe zu Gott und schließlich zu den Menschen.

Hier zeigt sich die Wirkung der Nebenübungen und des Beichtsakramentes im Sozialen. Es zeugt nicht gerade von solch liebegetragener Gesinnung, bei unseren Mitmenschen danach zu suchen, ob sie sich denn auch liebevoll betragen und daraus Rückschlüsse zu ziehen auf ihr Leben mit Übungen oder Sakramenten. Das gilt natürlich auch in Bezug auf Priester, die ja auch nur Menschensind, auch wenn ihnen oft andere Erwartungen entgegengetragen werden: Wie kann man so reden, handeln, sein, wenn man doch mit den Sakramenten, mit den Nebenübungen lebt?

Fassen wir uns lieber an die eigene Nase: Wie kann ich über den Mitmenschen (und sei er auch ein mir gar nicht persönlich bekannter, vielleicht verstorbener, zu anderen Kulturen gehöriger) überhaupt negativ denken, wenn ich doch jeden aus seinem Schicksal heraus verstehen möchte? Wenn ich doch seine Gedanken, auch die mir ganz fremden, wirklich nach-denken will, um seine Gesinnung zu verstehen (und nicht nur zu verurteilen)? Wir beginnen mehrere Seiten jeder sozialen Gemengelage von innen her wahrzunehmen und müssen daher niemanden mehr verurteilen. Tatsächlich hilft uns diese Gesinnung, Meinungen abzugeben und Empathie zu empfangen – für alle Seiten eines »Konfliktes«, einer Abwägungslage.

So offenbart sich die Frage: »Wo muss ich handeln?« noch einmal ganz anders. Oftmals brauche ich ja gar keine feste »Meinung« zu haben, kein Urteil zu fällen. Ich kann weiter wahrnehmen, wie sich die Dinge entwickeln. Ich will keine Meinungen sammeln oder bündeln, sondern in meinem kleinen Handeln einfach Rücksicht, Vorsicht, Vielfalt und Liebe walten lassen. Ich möchte mir sehr genau anschauen, ob und wo ich mich einbringe in die »Menschenordnung«.

So können wir in den sozialen Wirkungen des *Beichtgesprächs* wie in denen der *Nebenübungen* erleben, dass eine vom Einzelnen ausgehende allmähliche Heilung eintritt, die auch damit zusammenhängt, dass wir:

- auf Be- und Verurteilungen anderer verzichten,
- bereit sind zum offenen Empfangen unserer Willensimpulse aus einer anderen Sphäre als der unseres Eigensinns,
- uns bemühen, ohne selbstbezogene Sympathie oder Antipathie auf den anderen schauen, mit dem liebevollen und unvoreingenommenen Blick, den wir dem Christus zutrauen.

In der Gefühlssphäre werden wir damit auch allmählich unempfindlicher für Kränkungen und Verletzungen, die Erwartungen an den anderen Menschen als Heilsbringer schwinden. Sie schrumpfen ihn einerseits auf das Maß des Menschlichen zurück, während andererseits sein göttlicher Wesenskern empfunden werden kann, der uns respektvoller miteinander umgehen lässt. Dies ist die Gesinnungsrichtung, die mit dem Üben des Beichtsakramentes als Schulungsweg langsam wächst.

Konkret üben können wir das natürlich fortlaufend im Umgang miteinander, aber der wahrnehmende Blick auf unser sich täglich entfaltendes Leben findet unter anderem in der »Rückschau« statt, die ja auch eine Art Nebenübung ist, und die gleichzeitig Grundlage des Beichtsakramentes bilden kann.

Ihnen alles Gute – und werden Sie immer gesünder!

»Zuletzt die Rückschau. Schaue nicht zurück auf wichtige Dinge, sondern im Gegenteil auf unwichtige, und zwar vom Ende zum Anfang hin. Die Erinnerung ist die Brücke, auf der wir zu der unsichtbaren Chronik geführt werden. Straßen, Felder, Blumen, Steine und so weiter haben wir so in der Rückschau, dass wir sie entweder in das Gedächtnis zurückrufen oder dass wir auf sie richtig mit den Augen zurückschauen. Dies geschieht in der vorherigen Zeitordnung. Aber es gibt auch eine andere Art der Rückschau: als ob die Zeitabläufe im Raume wären. Das sogenannte Gedächtnis geht verloren, aber etwas Höheres wird gewonnen. Rückwärts, weil in den höheren Welten alles vom Ende zum Anfang läuft, und so ist der Schüler vorzubereiten. Die Rückschau soll ohne Reue geschehen, weil Reue Egoismus ist.«

Rudolf Steiner, *Aus den Inhalten der esoterischen Stunden*. 20./27. Juni 1907, S. 241

10. Brief
Tagesrückschau und Beichtgespräch

Liebe Freunde,
in den Nebenübungen finden wir Aufgaben, die mehr oder weniger konkret zu bewältigen sind, vor allem aber gibt es viel Gelegenheit zur Selbstreflexion. Wo stehe ich auf meiner Lebensreise? Was ist biografisch gerade dran? Ich lerne mit der Zeit immer besser, von außen auf meinen Lebensweg zu schauen. Nachdem ich eine anfängliche Klarheit in mein Gedankenleben bringen konnte und mich auch in Bezug auf die Willensimpulse langsam auf eine Selbststeuerung hinbewege (oder jedenfalls bemerke, dass das, was »dran« ist, auch willentlich in mein Leben integriert werden möchte), nehme ich mein Gefühlsleben bewusster wahr, meine Fähigkeiten in Sachen Positivität und Unvoreingenommenheit. Und schließlich schaue ich auf meinen Weg im Ganzen: Sind diese noch so unvollkommenen Seeleneigenschaften in einem einigermaßen harmonischen Gleichgewicht, während sie sich – oftmals drei Schritte vor und zwei zurück! – entwickeln?

Eine gute Gelegenheit dazu, diesen Blickwinkel zu erüben, ergibt sich aus der Rückschau am Abend, die in ähnlicher Weise wie die Nebenübungen von Rudolf Steiner als ständige Begleitung eines übenden Lebens empfohlen wurde. Das Besondere an dieser Übung ist, dass sie vom aktuellen Augenblick ausgeht und von hier aus rückwärts ablaufen soll. Was ging diesem Moment voraus? Was habe ich unmittelbar vorher erlebt? Woraus ergab sich das wiederum?

Zunächst ist das ungewohnt und im Erinnern oft holprig. Fäden werden verloren, wieder aufgenommen, Lücken entstehen, müssen überbrückt werden. Und vieles wirkt in der Rückwärtsbewegung zunächst völlig bizarr. In der regelmäßigen Wiederholung des Versuchs kann man dann aber bemerken, dass selbst die alltäglichsten Abläufe sich im Gedächtnisstrom wie von selbst in gegenläufiger Richtung zeigen: Zähneputzen, Kaffeetrinken und -kochen, Rolltreppe fahren, Blumen gießen …

Am Anfang geht es um die groben Gliederungen – und trotzdem schweife ich immer wieder ab oder schlafe sogar ein, falls ich die Übung am Abend als letztes mache, wie es teilweise empfohlen wird! Nach einigen Jahren habe ich aber bemerkt, dass es leichter wurde, Details wie in einem Zoom herbeizuholen, um sie näher anzuschauen, dass sie aber ohne diese besondere Aufmerksamkeit auf einen Punkt sehr schnell (oder sogar gleichzeitig?) abliefen. Habe ich da Zeit und Raum verlassen? Habe ich einen Blick in die Chronik der Dinge getan, die sich außerhalb dieser Sphäre befindet? In Zeiten, in denen ich die Übung vernachlässige, geht dieses Phänomen, das ich nicht Fähigkeit nennen möchte, weil es eigentlich nur ein Eintauchen in einen Strom ist, auch wieder zurück. Wie bei allen »Fortschritten« dieser Art geht aber nichts Erübtes wirklich verloren, denn wenn die Übung wieder aufgenommen wird, ist alles bald wieder da – und manchmal sind sogar weitere Schritte schneller möglich als erwartet.

Schauen wir vergleichend noch einmal auf den Aufbau des Beichtsakramentes, bemerken wir eine völlig andere Art Selbstreflexion. Im Gegensatz zu den Alltagsübungen steht hier ein freier Rückblick auf einzelne Aspekte des Lebens gleich am Anfang des Gesprächs. Dazu kommt, dass wir mit einer ganz anderen Haltung auf das Leben schauen, indem es hier nicht darum geht, irgendwelche wesentlichen oder unwesentlichen Einzelheiten in chronologischer oder gegen-chronologischer Reihenfolge vor das Auge des Christus zu stellen. Mit den Details unseres Lebens kennt der Herr des Schicksals sich besser aus als unser begrenztes Bewusstsein! Vielmehr geht es meist um bestimmte Einzelthemen, Fragestellungen,

Konstellationen im Menschlich-Sozialen, die uns vor Aufgaben stellen. Aber alles ist möglich: von wirklichen Schicksalsfragen, die zu entscheiden sind, bis zu regelmäßigen Blicken auf ganz unaufgeregte Lebensabschnitte, in denen vielleicht sogar eher die Dankbarkeit als das Hadern im Vordergrund stehen.

Aber hat dieser erste Teil des Beichtsakramentes nicht doch immer auch damit zu tun, den Zeitenstrom, in dem wir stehen, in Beziehung zu setzen zum Überzeitlichen, dem Ziel unserer Entwicklung, das sich nicht in den Inkarnationsbedingungen erschöpft?

Wir widmen uns einem einzelnen Abschnitt, einer besonderen Situation, und holen sie noch einmal ins Bewusstsein hoch. Bis hierhin entspricht dieses »Schicksalsgespräch« durchaus der Tagesrückschau: Das wache Bewusstsein schaut auf etwas Vergangenes – in beiden Fällen, ohne es direkt zu beurteilen: mit dem großzügig-ehrlichen Blick des Objektiven in der Rückschau, mit dem liebevollen Blick des Christus im Beichtgespräch.

An diesen kleinen Unterschieden wird aber auch deutlich, wie alle Alltagsübungen darin bestehen, dass wir unser Schicksal mehr und mehr selbst in die Hand nehmen, während wir im Beichtgespräch die Hingabe unseres Lebens an das Höhere üben, das sich durch uns verwirklichen will. Beides gehört zusammen, keine Haltung ist besser oder wichtiger als die andere. Auch in der Tagesrückschau werde ich feststellen, dass die Schicksalskräfte einer gewissen Demut bedürfen, weil ich mein Glück nicht erzwingen kann. Und im Beichtgespräch gibt es oft den Moment, der mir erlaubt, in einer neuen Freiheit zu selbstbewussten Entschlüssen zu kommen. Die sich ergänzenden Blickwinkel können deshalb selbstverständlich einzeln geübt werden, befruchten sich aber insbesondere in einem rhythmischen Miteinander.

Die Vollendung der Beichte ist die individuelle Teilnahme an der Kommunion im Rahmen der Menschenweihehandlung. Man kann sogar sagen, dass die Beichte dafür die eigentliche Voraussetzung ist – egal, ob wir sie wirklich im Sakrament vollziehen oder nur als »kleine Beichte« am Abend vorher, wo wir mit uns darüber zu Rate gehen, wo wir stehen und wofür wir die Kommunion in unserem Leben einsetzen wollen. (Letzteres ist ein Ratschlag Hans-Werner Schroeders[9] aus meiner Seminarzeit.) Daraus ergibt sich die Frage: Gibt es solch eine »Bewährung im Leben«, einen Wandlungsmoment, auch für die seelisch-geistigen Übungen. Und wenn ja: Wo ereignet er sich?

Doch davon beim nächsten Mal mehr!

Werden Sie immer gesünder!

9 Hans-Werner Schroeder (1931–2016) war Priester der Christengemeinschaft, Mitglied im Siebenerkreis (Leitungsgremium der Christengemeinschaft weltweit) und Leiter der Freien Hochschule der Christengemeinschaft in Stuttgart.

»Niemals ist das Hereindrängen geistiger Kraft, also das sich Anbieten geistiger Hilfestellung, für den Menschen so gewaltig gewesen wie in dieser Zeit. Aber ohne diese Erkenntnisschritte zu machen, wird man diese Kraft, die hineindrängen will, nicht aufnehmen können und in irdische Verhältnisse hineinbringen können. Denn diesmal geht es nicht mehr so, dass ein Gott dem Menschen hilft, wie das durch dieses Mysterium von Golgatha war, sondern diesmal muss diese Auferstehung durch den Menschen selbst vollzogen werden. [...] Also von diesem Standpunkt aus ist es [...] interessant, sich den Spruch ›Gott ist tot‹ vorzuhalten. Er ist tot insofern, als er nie mehr von selbst kommt und den Menschen [...] unter die Arme greift. Das tut er nicht. Sondern das ist ja längst im Menschen drin. Der Mensch muss sich gewissermaßen selber mit seinem Gott aufraffen. Er muss gewisse Bewegungen vollziehen, um sich in Kontakt zu bringen mit sich selbst. [...] Dieses Wesen ist ja frei geworden durch die Entwicklung [...], durch die Inkarnation des Christuswesens in die physischen Verhältnisse der Erde. Also ein reales Mysterium, ein kosmisches Ereignis hat sich da vollzogen, kein nur historisches. Da hat sich ein Kraftfluss von absoluter Realität vollzogen. Und nun vollzieht sich mit dem Menschen eine Metamorphose, mit der er sehr große Mühe hat. Ganz große Mühe.«

Joseph Beuys, zitiert in: Friedhelm Mennekes: *Beuys zu Christus*, Gespräch am 30.3.84, S. 28f.

11. Brief
Kommunion und Erkenntnis

Der letzte Brief schloss mit einer Frage: Wenn es eine Art Entsprechung gibt zwischen den *Nebenübungen* samt *Tagesrückschau* und dem *Beichtsakrament* in der neuen Form: Was ist dann in den Alltagsübungen der abschließende Schritt, der beim Beichtsakrament der Kommunion entspricht? Ich bin in den letzten Tagen mehrfach auf diese Frage angesprochen worden, was mir nicht nur zeigt, dass diese Briefe zum übenden Leben gelesen werden, sondern auch, dass sie uns – einiges in uns – wirklich bewegen:

- Wie wird das »Aufraffen« Wirklichkeit in meinem Alltag?
- Wie verbindet sich das in den Übungen Erfahrene mit meinem Leben?
- Wie mache ich Übung zu Leben?
- Kann ich den Moment der Verwandlung erleben?
- Und wie ist das in der Kommunion?

Denn natürlich ist auch die Frage nach der individuell ausgeteilten Kommunion brandaktuell in Zeiten, in denen es uns aus Gründen des Infektionsschutzes vielerorts untersagt ist, im Gottesdienst aus einem Kelch zu trinken. Allerdings muss die Kommunion ja nicht unbedingt während der Menschenweihehandlung empfangen werden, auch wenn für manche daraus ein schönes Gemeinschaftsgefühl entsteht. Insofern ist sie auch in diesen Zeiten möglich und wird auch praktiziert. Und auch die gemeinschaftliche Kommunion, die der Priester für jeden einzelnen, die Menschengemeinschaften und die Welt in der Messe konsumiert, ist ja bei jeder Zelebration real anwesend.

Bei der individuellen Kommunion kommt es im Gegensatz dazu eher auf den Aspekt des Biografischen für den Einzelnen an:

- Wie oft nehme ich daran teil und in welcher Gesinnung?
- Wie lange »hält sie an«?
- Und ganz vorsichtig gefragt: Wie oft empfange ich sie mehr gewohnheitsmäßig (»Kann ja nichts schaden«), fast schon konventionell (»Sonntags eine gute Gewohnheit«), oder um mich zu bekennen (»Ich gehöre zu denen, die immer nach vorne gehen«)?
- Entspricht das dem erneuerten Sakrament?

Vielleicht wirft gerade die derzeitige Lage ein neues Licht darauf, wie ernst wir diese Verbindung unseres eigenen Lebens mit der Verwandlungstat des Christus nehmen wollen.

In der Zeit der Wiederbegründung nach dem Zweiten Weltkrieg wurde eine lange Zeit der Abstinenz in dieser Beziehung, ein halbes Jahr ohne Individualkommunion, ganz bewusst angelegt: Vom Wiederbeginn der im Krieg verbotenen Aktivitäten der Christengemeinschaft nach der Kapitulation im Mai 1945 bis zum Advent gab es keine Einzelkommunion, aber viele Gespräche und Vorträge dazu, was sie biografisch bedeuten kann. Und auch darüber, was die Wandlung und die (vom Priester vollzogene) »große Kommunion« in ihrer neuen Form für die Gemeinde und die Welt bedeuten können. Die Priester erhofften sich davon ein gestärktes Mittragen des ganzen Kommunionsteiles der Menschenweihehandlung, der Kommunion »für alle«, und damit eine echte Neubegründung der Gemeinschaft. Die schicksalsverwandelnde Kraft für das Leben des Einzelnen wurde durch diese intensive Vorbereitungszeit wieder mehr an einen bewussten Entwicklungswillen durch die Beichte gebunden.

In ihrer schicksalsverwandelnden Kraft schließt der die Kommunion Empfangende an das Christusereignis an: Seine Tat, die sich mit Brot und Wein verbunden hat, wird aufgenommen bis in die Leiblichkeit hinein. Wenn wir das Mahl des Christus empfangen, stehen wir aber auch vor der Aufgabe, das leiblich Empfangene wieder zu vergeistigen, uns eben im Beuys'schen Sinne »aufzuraffen«, mit seiner Kraft, die uns stärkt. Insofern klingen die radikalen Worte von Joseph Beuys vielleicht etwas zu hart: Der Christus schenkt uns nach wie vor von seiner Kraft – um uns dadurch zu helfen, das höhere Selbst in uns zu entdecken. Der Theologe Friedrich Christoph Oetinger sagt: »Leiblichkeit ist das Ende der Wege Gottes.«[10] Wir können uns fragen, wohin das Ende weist – und es als neuen Anfang unseres individuellen Weges erleben.

Wie verbindet sich dann aber entsprechend unser all-tägliches Üben wiederum mit unserer Biografie? Geschieht das nicht sozusagen von selbst, indem es uns irgendwie und ganz langsam verwandelt? Ist es nicht so, dass beim Üben »der Weg das Ziel« ist, ohne dass es besonderer Ereignisse bedarf? Oder warten wir da gewissermaßen ultimativ auf die »Erkenntniskommunion«?

Die Wandlung stellt sich tatsächlich meist eher allmählich ein: Unerwartete Erkenntnisse ergeben sich aus sauber geführten Gedanken, unvoreingenommenen Wahrnehmungen, die nicht verfälscht werden von unseren Stimmungen und Vorlieben, nicht erzwungen, sondern wie herauskristallisiert. Vorschnelle Urteile werden weniger, weil die wachsende Offenheit und Positivität ohne Klagen, Meckern und Sündenböcke auskommt.

Die so erlangte gelassenere Stimmung strahlt aus in den Umkreis, soziale Probleme verlieren ihre Macht. Das Handeln wird langsam bewusster: im Konsumverhalten, in der sozialen Gemeinschaft, in unseren Arbeitsverhältnissen, in Tagesgestaltung, Lernbereitschaft, Verantwortlichkeit. Jeder beginnt woanders – und braucht auf

10 Friedrich Christoph Oetinger, *Biblisches und Emblematisches Wörterbuch.* Heilbronn am Neckar 1776, S. 407.

anderen Gebieten ein ganzes Leben, um auch nur kleine Fortschritte zu erzielen. Ich frage mich immer mehr, womit ich mich umgeben will. Nicht weil mir manches unbequem ist, sondern eher ausgehend von der Frage: Was ist wirklich wichtig?

Triviales rückt in den Hintergrund – oder bekommt eine neue Bedeutung. All das hilft mir, immer aufrechter in der Welt meiner Herausforderungen zu bestehen.

Das Üben stärkt mein Immunsystem, indem ich mich auf dem Wege weiß:

- im Bewusstsein der Zusammenhänge der Welt,
- im Bewusstsein meiner Kraft, in diese Zusammenhänge einzugreifen,
- in dem Vertrauen auf einen Sinn, der sich mir ganz bescheiden und unaufdringlich erschließen kann.

All das geschieht natürlich nicht in wenigen Tagen oder Wochen, und wie oft sind wir nicht enttäuscht davon, wie dumm wir uns noch anstellen, wie langsam es geht, wie weit wir vom Ideal entfernt sind. Aber nur wo wir bereit sind, wenigstens solche ersten Schritte zu machen in der Selbstertüchtigung, können wir Verwandlung bewirken im alltäglichen Leben. Wir befähigen uns, die Zukunftstauglichkeit unserer Lebensentscheidungen immer mehr zu erahnen, unser Leben in die Hand zu nehmen. Wir tun das nicht in erster Linie, weil wir selbst gern gesünder sein wollen. Diese »Alltagskommunion«, in der es nicht nur, aber nebenbei auch um geistige Erkenntnisse geht, verändert jeden Tag uns selbst und damit die Welt im Kleinen – so wie die Kommunion am Altar die Bedingungen dafür schafft, dass die Erde durch die Christuskraft im Menschen verwandelt werden kann.

Möge uns allen diese gemeinsame Arbeit immer besser gelingen!

»Stimme des Rufers in der Wüsteneinsamkeit:
Bahnt dem Herrn seinen Weg,
Ebnet in der Steppe einen Pfad für unsere Gott!
Alles Tal soll sich heben,
aller Berg und Hügel sich erniedrigen,
das Höckrige werde eben,
die Grate zum Gesenk!
Offenbaren will sich seine Herrlichkeit,
alles Lebendig-Beseelte vereint wird es sehen.
Ja, gesprochen hat sein Mund.
Stimme des Sprechenden: Rufe!
Er antwortet – was soll ich rufen?
Alles Lebendig-Beseelte ist wie Gras,
all seine Schönheit der Feldblume gleich.
Verdorren wird das Gras, verwelken die Blume,
da sein Geist es angeweht hat.
Gewiss – Gras ist das Volk,
verdorrt ist das Gras, verwelkt ist die Blume,
aber für alle Weltenzeiten besteht das Wort des Ewigen Gottes.«

Jesaja 40,3-8[11]

11 Neue Übersetzung in Anlehnung an Buber / Rosenzweig.

12. Brief
Gesundheit durch Entwicklung

Liebe Freunde,
in der Passionszeit, als die sogenannte »Corona-Zeit« begann, kam die Idee auf, in diesen Briefen einen Übungsweg zu schildern. Dabei ging es vor allem um eine gesunde Krisenbewältigung: Wie gehen wir mit Situationen um, in denen alles plötzlich ganz anders ist, in denen wir weitgehend auf uns selbst gestellt sind und in denen wir scheinbar machtlos Not erleben – bei anderen oder bei uns selbst? Zurückgeworfen auf unsere inneren Ressourcen wird plötzlich wichtig, worüber wir vor der Krise lässig hinweggehen konnten:

- Wie stehen wir zu unserem Menschsein?
- Sehen wir es als nicht zu hinterfragendes Kontinuum an, von dem wir zwar wissen, dass es nicht unvergänglich ist, aber das wir doch möglichst lange und möglichst unverändert erhalten wollen?
- Oder ist unser Menschsein eine sich ständig weiter verwandelnde Aufgabe, ein Auftrag, den es auch durch eigene Aktivität – und sei sie selbstgewählter Verzicht – zu verwirklichen gilt?

Die Quintessenz dieser Fragestellung soll in diesem letzten Brief, im Zugehen auf Johanni, noch einmal beschrieben werden. Die »quinta essentia« ist das Wesentliche, das Wesen der Dinge jenseits der Erdenwirklichkeit. Da gibt es die sinnlich wahrnehmbaren Elemente Erde, Wasser, Luft und Feuer mit ihren vier Qualitäten fest, flüssig, gasförmig und warm. Aber damit lässt sich das Wesentliche nicht beschreiben, das ist unsichtbar für unsere Sinne. »Man sieht nur mit dem Herzen gut«,[12] wie schon Antoine de St. Exupéry sagte. Und unsere Herzen, unsere Seelenzustände, die unsichtbaren (Un-)Gleichgewichte in uns, entscheiden mit über unseren Gesundheitszustand, unsere Widerstandsfähigkeit, unsere Fähigkeit, Krankheit einigermaßen gesund – oder sogar gesünder als vorher – zu überstehen.

Vieles ist in der Zwischenzeit geschehen. Es wurde trotz allem Ostern, Himmelfahrt und Pfingsten, aber die dafür gefundenen sakramentalen Formen auf Erden mussten zurücktreten und in verschiedener Weise anders belebt werden, weil sie dem Infektionsschutz, so wie unsere staatlichen Gemeinschaften ihn vorsahen, vorübergehend nicht genügen konnten. Gewohntes wurde so immer wieder neu erfunden, manchmal unter Schmerzen, oft aber auch mit einer Freude am schöpferischen Umgang mit dem, was sakramentales Leben ausmacht.

Auch im Sozialen wurden die Karten neu gemischt: Manche erlebten Einsamkeit, Machtlosigkeit und Verlust-Schmerz aller Art, vor allem natürlich diejenigen, die liebe Menschen verloren haben, die selbst schwer krank waren, aber auch die Älteren, die in Gemeinschaftseinrichtungen leben oder auf sich und andere besondere Rücksicht nehmen mussten. Und auch die Eltern kleinerer Kinder, die oft in engen Wohnungen viele Herausforderungen gleichzeitig meistern mussten. Manche mussten doppelt so viel arbeiten wie sonst, andere genossen eine unerwartete Zeit der Ruhe, der Selbstfindung und ganz neue Formen der Gemeinsamkeit. Viele berichten davon Schönes, andere Schweres. Das virtuelle Leben, das angeblich fast alles an direkter Nähe ersetzen können sollte, kam deutlich an seine Grenzen, nicht nur technisch gesehen. Es wurde sehr deutlich, dass wir von lebendiger Begegnung leben, mit Menschen,

12 Antoine de St. Exupéry: *Der kleine Prinz.*

Kunst, Kultus und Natur. Ob wir diese Nähe auch ohne physische Anwesenheit spüren konnten, das hing wiederum stark von der eigenen Befindlichkeit, auch vom Blick auf die Lebenswirklichkeit ab, wie wir ihn eingeübt hatten. Meistens war es eine individuelle Mischung vieler Faktoren...

Das alles war natürlich niemandes »Schuld«, keiner hat uns das bewusst und ohne selbst von Zweifeln geplagt zu sein »angetan«, was sich da in einer völlig neuen, unbekannten Lage als not-wendig darstellte. Wenn wir von einigen abenteuerlichen Konstruktionen absehen, die die wenigen angeblichen Nutznießer der Krise als ihre bewussten Urheber sehen, können wir keinen Menschen, keine Gruppe für das erlittene »Unrecht« anklagen.

Das widerstrebt uns, denn es fällt uns als Menschen anscheinend leichter, mit Krisen umzugehen, wenn wir Schuldige ausmachen können. Alte Erklärungsmuster (»Krisen werden von Gott als Strafe geschickt« oder »... sind des Teufels«) stecken noch tief in unserer Konstitution, und die leben von einer eindeutigen Kausalität. Aber auch ein rein materialistisch-naturwissenschaftliches Denken haben wir gut eingeübt. Auch die hier eingefahrenen Muster werden allerdings der Wirklichkeit nicht gerecht, weil sie im Auftreten von Krankheiten und Naturkatastrophen oft nur unglückliche Zufälle sehen, deren Folgen effektiv zu beseitigen wären – ohne dass wir die Fragen hören, die sich in den Ereignissen verbergen, und ohne dass wir uns womöglich selbst ändern müssten.

Die große Ratlosigkeit ist zunächst einmal auszuhalten, so wie sie in den Dilemmata der Krise deutlich wird, die Offenbarungen des widersprüchlichen Menschheitszustandes, die uns deutlich werden, wo es keine einfache Lösung für die Frage gibt, wie abzuwägen ist zwischen den Interessen der Gemeinschaft und des Einzelnen, der Risikogruppen und der Kinder, der Wirtschaft und der Gesundheit.

Schaffen wir es, ohne einfache, eindeutige Lösungen seelisch gesund zu bleiben? Sind die Verleugnungen der Gefahr, die

Schuldzuweisungen, die Anklagen nicht eine Art Notwehr gegen die Überforderung, die aus der Tatsache folgt, dass diese Welt nicht mehr so leicht zu verstehen, nicht in Schwarz und Weiß, Gut und Böse einzuteilen ist?

Die Krisen des Anthropozäns sind vielschichtigen Ursprungs. Tatsächlich ist der Name »Anthropozän« für unser »Menschen-Zeitalter« in diesem Zusammenhang gerade deshalb so treffend. Wir wissen mittlerweile, dass wir es überall mit menschengemachten, durch den Lebensstil des modernen Menschen, den übermäßigen Verbrauch an Ressourcen und anderen Raubbau an der Erde und den Mitmenschen in aller Welt verursachten Krisen zu tun haben. Es gibt ein unheilvolles Geflecht von Einzelinteressen und Fehlsteuerungen aus unbewusstem Egoismus in unserem Menschheitsorganismus, das wir alle durch unsere Lebensweise begünstigen. Bis ins Physische hinein ist der Mensch so ursächlich für das, was auf der Erde geschieht. Sie verändert sich durch uns. Und so bringt sie zum Beispiel auch neue Krankheiten hervor, die unsere Lebensweise quittieren. Die Pandemie geht wie die meisten Herausforderungen der jüngsten Vergangenheit und Gegenwart auf uns selbst zurück – auf unseren Umgang mit Natur und Umwelt, unser Konsumverhalten und vieles mehr.

Wir können eine gewisse Ohnmacht empfinden, weil wir zwar wissen, dass wir durch unser Verhalten eine bestimmte Wirkmacht besitzen, dass aber positive Entwicklungen nur sehr langsam und fast unmerklich geschehen. Und sie vollziehen sich eben auch nur dann, wenn wir uns als Menschen ändern, jeder für sich! Die Zeit, in der wir vor allem das Verhalten des Anderen ändern wollten, um die Welt zu verbessern, gehört jetzt deutlich in das letzte Jahrhundert. Ändert Euren Sinn – das geht eben nur bei mir selbst…

Ein erster Schritt kann ein übendes Leben sein, in dem ich an meiner Seelenkonfiguration so arbeite, dass ich anders in der Welt stehe, anders handle – nicht, weil mich jemand argumentativ von etwas überzeugt hat, sondern weil ich Notwendigkeiten frei einsehen und selbst wollen kann. Genährt wird eine solche Änderung meines Lebensstils durch die lebensbegleitenden Sakramente, in denen mir Kraft zufließt aus dem Leben jenseits des Sichtbaren, aus der Welt, in der ich mit meinem höheren Wesen zu Hause bin, auch wenn ich jede Beheimatung auf Erden verliere. Das macht mich stark in der Schwäche.

Gesund durch eine Krise kommen, resilient werden, Widerstandskraft entwickeln, das heißt nach dem Konzept der Salutogenese, die auf eine »gesunderhaltende« Medizin zählt, im Bewusstsein der *Kohärenz* zu leben, einem Grundgefühl der Übereinstimmung mit meinem Schicksal. Diese Übereinstimmung kann ich immer dann erleben, wenn drei Voraussetzungen gegeben sind:

- die Herausforderung ist *verstehbar,*
- ich spüre, dass ich meine Lage *beeinflussen* kann,
- und ich sehe in dem Geschehen einen *tieferen Sinn.*

Wo eine dieser Komponenten fehlt, fällt es schwer, die Übereinstimmung zwischen Außenwelt und innerem Lebensgefühl herzustellen, und wenn ich es noch so sehr will. Das Beichtsakrament kann mir helfen, durch die Verwandlungskraft des Christus Mut und Zuspruch aus der Sphäre des Göttlichen zu erleben, aber spätestens dann bin ich selbst gefragt. Ändere deinen Sinn …

Dazu brauche ich den aktiven Kontakt zu meinem höheren Ich. Ich kann ihn im Alltag erüben. Das ist pure Eigenaktivität. Ich erlebe, dass ich ein Ich bin, dass das Leben immer mehr verstehen und wirkmächtig ins Leben eingreifen kann. Im Laufe der Zeit werden dann durch folgerichtiges, selbstergriffenes, nicht von Gefühlen und Gesinnungen verfälschtes positives und unvoreingenommenes Denken die drei Komponenten des Kohärenzgefühls deutlicher werden. Ich erlebe mich immer weniger als Leidende, als Opfer, sondern eher als Wahrnehmende den Krisen der Welt gegenüber. Und zunehmend bekomme ich dann auch die Kraft, selbstbestimmt Handelnde zu werden.

Durch die Denkübungen beginne ich zu erleben und darauf zu vertrauen, dass das Leben im Prinzip verstehbar ist, und zwar gerade, weil ich es nie *ganz* verstehen werde. Es ist unendlich komplex, es müssten – frei nach dem Johannes-Evangelium – Bücher geschrieben werden, die die ganze Welt mehr als füllen würden, um allen Zusammenhängen gerecht zu werden. Jede Erklärung, die Entwicklung, Erfahrungsvielfalt, Multikausalität und Zusammenhänge vereinfacht, kann bestenfalls ein kleiner Anfang sein zum Verstehen der Welt, meist ist sie eher eine Krücke, die mich am Laufenlernen hindert. Diese Erkenntnis ist gleichzeitig schwer und befreiend. Man muss das Spirituelle aushalten können, um sich in dieser Welt der Heimatlosigkeit neu beheimaten zu können. Das Vertrauen in die *Verstehbarkeit des Daseins* und damit aller Krisen beruht darauf, dass die Welt unendlich komplex, aber zugleich grundsätzlich erfahrbar ist. Eine tröstliche Erfahrung!

Mein Handeln bedeutet etwas für dieses große Geschehen. Das kann ich erleben, wenn ich mir klarmache, wie all meine großen und kleinen Taten wirken. Ein Tropfen auf den heißen Stein? Oder: ein steter Tropfen, der ihn höhlt, eine Skulptur des Lebens schafft? Ich gehöre zum Gesamtorganismus dazu, und wie ich mein Leben ergreife, macht einen Unterschied. Einen kleinen vielleicht, aber irgendwo muss ich ja anfangen. So wird mir meine *Wirkmächtigkeit* bewusst.

Und im Laufe der Zeit erschließt sich gerade dem liebevoll-positiven, unvoreingenommenen Blick die Tatsache, dass das alles *Sinn* macht. Ich muss diesen Sinn nicht schnell erklären können. Jeder schaut ihn etwas anders an, und so entstehen die Perspektiven unterschiedlicher Spiritualität. Aber ich darf es auch wagen, dazu Vorläufiges einmal auszusprechen, das sich dann im Leben bewahrheiten oder zu neuen Erkenntnissen fortentwickeln kann. Zum Beispiel so: Aller Sinn ist letztlich die Entwicklung von Freiheit und Liebe. Wie erlebe ich das im Laufe meines Lebens?

Diese drei Lebenseinstellungen können sich vereinen zum »Kohärenzgefühl« der Salutogenese, das uns hilft in allen Krankheiten gesund zu bleiben.

Ich habe die Nebenübungen vor vierzig Jahren nicht in mein tägliches Programm aufgenommen, um meine Widerstandskraft zu stärken. Auch habe ich das Beichtsakrament nicht fast dreißig Jahr lang praktiziert, weil ich irgendetwas Salutogenetisches damit erreichen wollte. Heute bemerke ich aber, dass es Zusammenhänge gibt, die mit der Ausbildung eines gesünderen Selbstwertgefühls und einem Vertrauen in die göttliche Welt zu tun haben, das salutogenetisch wirksam ist. Ich hoffe, dass auch Sie, liebe Freunde, diese Erfahrung im Üben ein wenig erleben können!

Als ewiger Anfänger auf diesem Gebiet wünsche ich Ihnen alles Gute für den weiteren Weg!

Anhang

Häufige Fragen an die Briefschreiberin

Sind die Nebenübungen der einzige Weg, auf dem das meditative Leben fruchtbar werden kann?

Wenn mich am Anfang eines an der Anthroposophie als meditative Praxis irritiert hat, dann war es die Uneindeutigkeit, mit der der Weg des Geistesschülers beschrieben wird. Ich verstand das bald aber als Freiheit des Einzelnen, der seinen Weg selbst wählen soll. Natürlich kann man auch ganz anders anfangen, und so manche andere Übung dient dabei ganz ähnlichen Zwecken oder bereitet etwas vor, das für den Einzelnen im Moment noch wichtiger ist.

So habe ich jahrelang aus dem Meditationsspruch »Ich trage Ruhe in mir«[13] nur diese erste Zeile meditiert. Ich wusste gar nicht, dass der Spruch noch weitergeht. Auch das war mit Sicherheit nicht vergebens. Es hat mich über die Natur des Willens belehrt, bis ich dann die weiteren Sätze fand, in denen das genauer ausgedrückt ist. Diese Übung ist eine *Meditation*, und ich hatte schon früh herausgefunden, dass sie von den Nebenübungen begleitet werden sollte.

Sehr schön als Einstieg ist auch die so genannte Frühstücksmeditation: Ich beginne beim Frühstück (wahrscheinlich eignet sich jede andere Mahlzeit genauso gut …) darüber nachzudenken, wem ich alles das zu verdanken habe, was zu meinem Frühstück beiträgt – schon die Lebensmittel führen mich in die ganze Welt und zu vielen unbekannten Mitmenschen, zumindest wenn ich Kaffee oder Tee

13 Rudolf Steiner, *Anweisungen für eine esoterische Schulung*, S. 80.

trinke. Aber auch die Möbel im Raum, das Haus selbst, die Lieferketten für alles, was gebraucht wurde. Ich erlebe daran die vielfältige Verknüpfung mit der ganzen Erde, dem Menschheitsorganismus. Ich erlebe Dankbarkeit diesem großen Ganzen gegenüber.

Das ist ein Teilaspekt der Gedankenübung, und gleichzeitig hilft sie zur Wahrnehmung meines Schicksals – positiv und voraussetzungslos. Vielleicht entsteht dann das Bedürfnis nach den anderen Übungen von selbst?

Für andere entsteht der Wunsch zur Meditation aus dem *Beten* des Vaterunsers. Jede Bitte, jede Zeile bietet ja reichlich Stoff zu Vertiefungen, die unser Seelenleben lebendig machen und in Verbindung stellen zu seinem geistigen Ursprung. Das Beten selbst lässt in uns die Kraft der Hingabe wachsen und verbindet direkt mit dem Göttlichen. Sehr wirksam ist in dieser Beziehung auch ein kleines Gebet, für das man einen festen Zeitpunkt wählen kann, das aber auch wie ein immerwährendes Stoßgebet den Tag durchziehen könnte:

> »Vatergott, hilf dass ich selbstlos werde in meinen persönlichen Ambitionen, und Christus gib, dass das paulinische Wort in mir wahr werde: Nicht ich, sondern der Christus in mir.«

Die Grundqualitäten der seelischen Gesundheit, wie sie in den Nebenübungen angelegt werden, können sich auch durch diese und andere gute Angewohnheiten langsam entwickeln. Dabei kommt es allerdings zunächst nicht auf das klare Denken oder die Vorurteilslosigkeit an, was uns verschiedenen Fehlentwicklungen und Irrtümern stärker aussetzt. Rudolf Steiner spricht zwar davon, dass die Bilder, die wir uns zum Beispiel vom auf Erden wandelnden Christus oder von Engelswesen in unserer Vorstellung machen, sich auf die Dauer selbst korrigieren. Das kann aber natürlich leichter und schneller geschehen, wenn wir uns zum Beispiel daran versuchen, Vorurteile zu überwinden oder uns darin üben, dass wir nicht immer recht haben. Der sicherste Weg scheint mir daher trotz allem der Weg durch die Nebenübungen selbst, insbesondere wenn wir sie in der angegeben Reihenfolge kennenlernen.

Wann sollte ich die Übungen machen?

Es gibt dafür keine Vorschriften – oder widersprüchliche, wie könnte es anders sein! Für den einen ist es gut, erst einmal in Ruhe aufzustehen, zu frühstücken, und dann eine kleine Auszeit einzulegen. Manchmal muss es so sein, zum Beispiel, wenn ich mit kleinen Kindern lebe und diese vor mir wach werden. Dann sind erst die Kinder dran. Wenn sie einen kleinen Schlaf am Morgen einlegen oder gut beschäftigt sind oder in Kindergarten oder Schule verschwunden sind, kann es weitergehen. Rudolf Steiner spricht davon, dass niemand irgendwelche Pflichten im Sozialen vernachlässigen sollte, der sich ein meditatives Leben aufbauen möchte.[14] Weniger ist in der Elternzeit des Lebens oft mehr, und soziale Kreativität ist gefragt! Frustrationen eingeschlossen, der gute Wille zählt!

In einem trubeligen Alltag ist es aber oft auch utopisch, nach dem Frühstück eine Pause einzulegen, sodass sich die Zeit vor dem Beginn des sozialen Lebens in der Familie doch eher anbietet. Ein paar Minuten eher aufzustehen, kann Wunder wirken. Ich habe diese Zeit oft trotz vermeintlichen Schlafmangels sehr genossen – und tue das heute noch. Es war mir eine große Erleichterung herauszufinden, dass das auch eine Variation der Empfehlungen Steiners ist: direkt aus dem Schlaf aufzutauchen in die Meditation. Man kann sich im Bett hinsetzen und dabei noch möglichst unsichtbar machen für die äußeren Anforderungen des Lebens …

14 *Wie erlangt man Erkenntnisse der höheren Welten?* Kapitel »Kontrolle der Gedanken und Gefühle«, S. 58.

Andere werden bestimmte Komponenten auf den Abend legen, wo ja sowieso die Rückschau ihren Platz haben könnte und das Abendgebet. Wer dabei zu leicht einschläft, sollte sich noch nicht hinlegen, das ist klar! Aber alles in allem: Größte Freiheit garantiert ein individuell machbares Meditationsleben!

Ist es sinnvoll, eine bestimmte Körperhaltung einzunehmen?

Die Füße mehr oder weniger auf der Erde zu haben, das ist eine gute Idee, aber sicherlich nicht unverzichtbar. Die indische Meditationshaltung scheint mir gerade das nicht zu bezwecken, was vom Standpunkt des Herauslösens aus dem Erdenzusammenhang verständlich erscheint. Bei den Nebenübungen kommt es jedoch darauf an, gut geerdet zu sein, weshalb es mir zweckdienlicher zu sein scheint, eine bequeme, aber ungezwungene Alltagshaltung einzunehmen. Der Großteil des Übens vollzieht sich ja ohnehin im Leben. Und da kann man alle möglichen Situationen zur Selbstreflexion nutzen: an der Bushaltestelle, in der Badewanne oder bei der Gartenarbeit…

Ich möchte ein Meditationstagebuch über meine Fortschritte führen. Gehört das irgendwie dazu? Könnte es nützlich sein?

Schreiben, besonders mit der Hand, ist eine interessante Aktivität, weil durch meine Hand so manches fließt, was mein Kopf gar nicht so schnell denken kann. Ich fange also manches an unbewusstem Willen ein, was ich durch die Verschriftlichung gewissermaßen inkarniere. Rudolf Steiner hat »Wagenladungen« voller Notizbücher geschrieben und das als eine Art Selbstzweck gesehen, damit Gedanken konkreter werden konnten[15].

15 Rudolf Steiner, *Der übersinnliche Mensch – anthroposophisch erfasst* (GA 231). Vortrag in Den Haag am 16.11.1923, S. 137f.

Sehr wirkungsvoll scheint mir einerseits ein Tagebuch zu den Nebenübungen, das nach Übungen geordnet festhält, was mir aufgefallen ist. Dabei sind besonders die »diffuseren Übungen« des Gefühlsgleichgewichts, der Positivität und der Unvoreingenommenheit sowie die sechste Übung besonders bedürftig des Angeschautwerdens.

Außerdem kann es als eine Art Willensschulung hilfreich sein, am Morgen einfach aufzuschreiben, was einem in den Sinn kommt, so wie es die Schreibtherapeutin Julia Cameron empfiehlt. Dadurch hole ich meinen unbewussten Willen, der mir ja im Schlaf näher war, in den Tag hinein und lernen, immer besser zu verstehen, was ich wirklich will.[16]

Auch eine Art »Journaling«, wie es Otto Scharmer praktiziert in seiner sozialen Technik des »Presencing«, kann sehr sinnvoll sein. Dabei schreibe ich spontan Antworten auf Fragen, die mir gestellt werden. Woher ich die bekomme? Ich kann versuchen, sie mir selbst spontan zu stellen. Im Anhang finden Sie ein paar Beispiele, die einen Anfang machen könnten.

Kann ich etwas für andere tun durch die Nebenübungen?

Selbstredend kann ich die Übungen nur selbst durchführen, aber das heißt nicht, dass sie nicht anderen helfen werden, insbesondere wenn diese anderen meine Nächsten sind, die unter meinen Unausgeglichenheiten zu Zeiten leiden müssen. Ich würde mich allerdings hüten, zu viel darüber zu sprechen, dass ich übe, weil das Druck erzeugt: einerseits auf meine Mitmenschen, weil sie das als leise Kritik empfinden könnten, dass sie nichts für mich Offensichtliches tun, um an sich selbst zu arbeiten, und auch auf mich selbst, weil die Messlatte dann höher liegt, was meine kleinen Verfehlungen angeht!

16 Näheres bei Julia Cameron, *Von der Kunst des Schreibens.*

Fürbittengebete sind etwas ganz anderes. Sie sollten allerdings komplett freilassend sein, ohne Wünsche, die ich an das Schicksal des anderen habe. Ich kann um Kraft bitten, dass es ihm gelingen möge, sich im Leben so zu verwirklichen, wie es in seinem oder ihrem höheren Willen liegt.

Gibt es einen Zusammenhang zwischen Otto Scharmers »Theorie U«, der Technik des »Presencing«, und den Nebenübungen?

Wie sagte die jüdische Religionsphilosophin Eveline Goodman-Thau über den Zusammenhang ihrer Kabbala-Studien zur Offenbarung Gottes in den Prophetenbüchern und der Anthroposophie: »Wenn es die Wahrheit ist, ist es doch auch dasselbe.«

Das *Presencing* schaut den Prozess des Geistesgegenwärtig-Werdens an. Es ist ein Lernvorgang, der mit dem Zuhören (unvoreingenommen, positiv, empathisch) beginnt, sich zurückzunehmen lernt, dann mit neuen Augen hinschaut, neue, andere Richtungen einbezieht in den Wahrnehmungsvorgang, und so im Zusammenspiel mit dem Umfeld das große Ganze einer sozialen Situation erfasst. Im Loslassen aller Intentionen kommt uns allmählich das Neue entgegen, das werden will. Wir lassen es sich langsam herauskristallisieren, probieren es aus in unverbindlichen Prototypen und kommen schließlich zu einer geistesgegenwärtigen Lösung, einem Projekt.

Die Nebenübungen üben letztlich genau das, wenn auch ohne konkretes Ziel: Das Denken und Wollen soll unvoreingenommen werden und neue Impulse aus der Zukunft, dem Bereich des unbewussten Willens empfangen lernen. Der Wahrnehmungsbereich wird von gewohnheitsmäßigem Ballast, Stimmungen und Vorurteilen befreit, um klarer hinschauen zu können auf das Gegebene. So gesehen geht es vor allem um die erste Hälfte des »U« in Otto Scharners Theorie: das Eintauchen in die Gegenwart.

Auch das Beichtsakrament geht genau in diese Richtung: Wir lassen Eigenwilliges los, nehmen unser Leben neu wahr und empfangen aus dem Bereich der Zukunft, dem Göttlichen, was in unserem höheren Willen liegt.

So gesehen erüben wir einerseits in den Nebenübungen Fähigkeiten und andererseits im Beichtsakrament eine Gesinnung, die uns in ihrem Zusammenspiel eine Arbeit mit dem *Presencing* erleichtern.

Fragen für ein Übungsjournal

Wenn Sie sich mit den hier anschließenden Fragen beschäftigen wollen, empfehle ich Ihnen: Bitte beantworten Sie sie schriftlich, ohne sich große Gedanken zu machen, aus dem Bauch heraus und ohne Rücksicht auf Verluste. Die Antworten sind nur für Sie selbst bestimmt und können zeitnah entsorgt werden, da es nur auf die Konkretisierung durch das Schreiben an sich ankommen soll.

Man kann die Übungen immer wieder machen, gern auch mit eigenen Fragen, und natürlich kann man auch nur die gerade am passendsten wirkenden Fragen aussuchen. Das alles sind nur Beispiele für eine möglichst spontane schriftliche Reflexion!

Ich finde es sehr hilfreich und motivierend, schöne Bücher zu benutzen, anstatt auf loses Papier zu schreiben, aber Einzelblätter können natürlich auch helfen, die geronnenen Gedanken leichtherziger zu entsorgen!

Allgemeine Fragen:

- Worauf freue ich mich heute?
- Wie selbstbestimmt fühle ich mich heute?
- Wofür bin ich dem Leben dankbar?
- Wenn ich mich selbst von außen anschaue:
  Was sind meine Herausforderungen in diesen Tagen?
- Woher nehme ich die Kraft?
- Was tröstet mich?
- Was schaffe ich noch nicht?

Gedankenübungen:

- Welche Gebiete meines Gedankenobjektes habe ich erfasst?
- Welche gibt es generell?
- Vor welchen scheue ich zurück? Welche liegen mir besonders?
- Wozu? Woher? Woraus? Seit wann? Was ist das Wesentliche?

Willenskontrolle:

- Wann *wollte* ich die Übung machen, wann *habe* ich sie gemacht?
- Wann habe ich heute getan, was ich mir vorgenommen hatte?
- Welche Projekte schiebe ich vor mir her? Wann will ich sie angehen?
- Wann habe ich heute deutlich *nicht* getan, was ich wollte?
- Wo ist mein Wille abhängig von meinem Gefühl?

Gefühlsgleichgewicht:

- Beschreibe die Gefühle des Tages!
- War ich traurig? Habe ich Verluste erlitten?
- Ärgerlich? Neidisch? Eifersüchtig?
- Glücklich? Euphorisch?
- Zufrieden? Dankbar? Ehrfürchtig?
- Irritiert? Enttäuscht?

Positivität:

- Wem bin ich heute besonders dankbar?
- Wer hat mir geholfen, zu dem zu werden, der ich heute bin?
- Was war gerade besonders lehrreich?
- Wo habe ich Schönheit erlebt? Weisheit? Wahrheit?
- Wen oder was habe ich heute besonders zu schätzen gelernt?

Unvoreingenommenheit:

- Mit den Augen seines Engels angeschaut, wie sieht das Leben von NN aus?
- In den Mokassins von NN wandernd, erlebe ich: …
- Welches Bild habe ich von NN?
- Welche Erwartungen habe ich gegenüber NN?
- Über welche Persönlichkeiten (Meines Umkreises, des öffentlichen Lebens?) habe ich welche Urteile?

Verwendete und weiterführende Literatur

Zu den Nebenübungen und zur Rückschau:

In Rudolf Steiners Gesamtwerk findet sich die Beschreibung der Nebenübungen an verschiedenen Stellen. Zusammengefasst ist das in sehr ansprechender und praktisch brauchbarer Weise durch den Herausgeber Ates Baydur in:

Rudolf Steiner, *Die Nebenübungen: Sechs Schritte zur Selbsterziehung.* Dornach 2019.

Im Einzelnen, auch unter Berücksichtigung anderer Aspekte des Schulungsweges:

Rudolf Steiner
–, *Theosophie* (GA 9), insbesondere das Kapitel: »Der Pfad der Erkenntnis«.
–, *Wie erlangt man Erkenntnisse der höheren Welten?* (GA 10), insbesondere der erste Teil (Bedingungen, Innere Ruhe, Vorbereitungen).
–, *Die Geheimwissenschaft im Umriss* (GA 13), insbesondere der Abschnitt: »Die Erkenntnis der höheren Welten«.
–, *Anweisungen für eine esoterische Schulung* (GA 245), insbesondere die ersten Abschnitte (»Allgemeine Anforderungen«).

Zum erneuerten Beichtsakrament:

Mathijs van Alstijn, *Das eigene Leben neu sehen. Beichte als produktive Sterbeübung.* Priesterseminar Hamburg 2013.
Ulrich Meier, *Die Beichte. Atem der Liebe* (Die sieben Sakramente der Christengemeinschaft), Stuttgart 2019.

Zur Frage der durch Übung langsam entstehenden Freiheit in Theorie und Praxis:

Rudolf Steiner, *Die Philosophie der Freiheit* (GA 4), insbesondere Kapitel IX und XIV.
Viktor Frankl, *Trotzdem Ja zum Leben sagen*. München 2009.
Valentin Wember, *Vom Willen zur Freiheit*. Dornach 1991 (vergriffen).
Georg Kühlewind, *Vom Normalen zum Gesunden*. Stuttgart 2017.
Scharmer, Otto: *Theorie U – Von der Zukunft her führen: Presencing als soziale Technik*. Überarbeitete Neuausgabe, Heidelberg 2020.

Zu Fragen der Corona-Pandemie:

Die meisten noch im Jahr 2020 auf die Schnelle veröffentlichten Publikationen sind unter den Gesichtspunkten des hier beschriebenen Schulungsweges eher Gesinnungsliteratur, bei denen viele Fragen an den geistes- und naturwissenschaftlichen Anspruch entstehen. Deshalb möchte ich hier nur auf zwei Titel hinweisen, die mir hilfreich erscheinen:

Rudolf Steiner, *Stichwort Epidemie* (Spirituelle Begleiter), Dornach [4]2020.
Judith von Halle, *Die Coronavirus-Pandemie: Anthroposophische Gesichtspunkte*. Dornach [5]2020.

Andere Hilfen auf dem Weg:

Thomas a Kempis, *Nachfolge Christi*. Ditzingen 1986.
Hans Rosling, *Factfulness: Wie wir lernen, die Welt so zu sehen, wie sie wirklich ist*. Berlin [12]2019.
Julia Cameron, *Von der Kunst des Schreibens*. München 2013.

Über die Autorin

Ilse Wellershoff-Schuur wurde 1958 in Brake an der Unterweser geboren und verbrachte ihre Kindheit an verschiedenen Orten in Norddeutschland, in Bonn und in den USA. Sie studierte Jura in Kiel, Bonn und Aarhus und absolvierte einige Stationen ihrer Referendarzeit in Flensburg. Am Audonicon in Skanderborg / Dänemark machte sie eine Ausbildung zur Waldorflehrerin. Nach einigen Berufsjahren als Lehrerin besuchte sie das Priesterseminar der Christengemeinschaft in Stuttgart und ist seit 21 Jahren als Pfarrerin in Hannover und Überlingen tätig. Sie ist Mit-Initiatorin eines Begegnungsprojektes in Galiläa, leitet im Heiligen Land Seminare und Studienreisen und setzt sich für den Dialog zwischen Christentum, Judentum und Islam ein. Ilse Wellershoff-Schuur hat drei Kinder und demnächst fünf Enkel. Sie lebt mit ihrem Mann und dem auf dem Cover balancierenden Enkel Paul in Überlingen am Bodensee.

Ilse Wellershoff-Schuur

Gott ist größer

Muslime und Christen – Herausforderungen des religiösen Lebens

176 S., kartoniert

Dieses Buch ist keine Einführung im gewöhnlichen Sinn. Es ist weder eine Gebrauchsanweisung zum Thema »Umgang mit dem Islam«, noch ein Überblick über seine Praxis, Bedeutung oder gar eine Bewertung einer der großen religiösen Strömungen unserer Menschheit. Vielmehr geht es um Perspektiven und Sichtweisen, um Begegnungen und um das Neue, das daraus entsteht, wenn sich Menschen aus verschiedenen kulturellen und religiösen Umfeldern gegenseitig wahrnehmen, befragen und vielleicht auch in Frage stellen.

Aus ihrer reichen Erfahrung im Bereich des interkulturellen Dialogs berichtet Ilse Wellershoff-Schuur von den Möglichkeiten, wie die Begegnung mit dem jeweils anderen religiösen Umfeld zu einer Anregung für das eigene religiöse Leben werden kann. Ihre Schilderungen zeugen davon, wie durch einen lebendigen und offenen Austausch Respekt, Verständnis und Liebe zum Weg des anderen wachsen können.

Urachhaus

Ilse Wellershoff-Schuur

Am Kreuz der Erde

Ein Reisejournal aus dem Heiligen Land

319 S., kartoniert

Ilse Wellershoff-Schuur leitet seit Jahren Reisen ins Heilige Land. Die Begegnung mit christlichen, jüdischen und muslimischen Menschen in Israel und Palästina steht dabei ebenso auf dem Plan wie die Arbeit in einer interkulturellen Begegnungsstätte. Auf diese Weise in den Kontext der Gegenwart gestellt, erscheinen Jerusalem und Galiläa, Bethlehem und Nazareth mit ihren Pilgerstätten und Sehenswürdigkeiten in einem neuen Licht.

Das lebendige Reisetagebuch mit seinen Einblicken in das Leben vor Ort und die Hintergründe des heutigen Konfliktes ist eine hervorragende Einführung für eine Reise ins Heilige Land und eine lohnende Lektüre für alle, die sich für ein friedliches Zusammenleben der Kulturen interessieren.

Urachhaus